I0070975

Como hacer un

Negocio

de

Franquicia

Como hacer un

Negocio

de

Franquicia

POR

ALEJANDRO MENA

Editorial Alex Mena

Estados Unidos - México

Como hacer un Negocio de Franquicia

Primera Edición 2015

Jesús Alejandro Mena Gauna
www.AlejandroMena.com

Editorial Alex Mena
www.AlexMena.com

Impreso en Estados Unidos

Como Hacer un

Negocio de Franquicia

por Alejandro Mena

Abogado de Franquicias

- aquí encontrará -

UNA FRANQUICIA COMO PLAN DE VIDA

CUAL ES LA MEJOR FRANQUICIA PARA MI

COMO SABER SI UNA FRANQUICIA ES RENTABLE

CREACIÓN Y GESTION DE EMPRESAS MEDIANTE FRANQUICIA

COMO CONVERTIR Y DESARROLLAR MI NEGOCIO EN FRANQUICIA

DE PEQUEÑO A FRANQUICIA, CONSEJOS PRACTICOS PARA FRANQUICIAR TU NEGOCIO

ES MOMENTO DE TRASCENDER ¿CUAL ES TU PERFIL DE FRANQUICIATARIO?

CAMBIA Y ABANZA, COMO ANIMARSE A SER EMPRENDEDOR E INICIAR UN NEGOCIO DE FRANQUICIA

Cuando veas una pequeña luz brillar, ¡síguela!
Si te conduce al pantano, pues ya saldrás de él;
Pero si no la sigues,
toda tu vida vivirás arrepentido
al no saber si esa
era tu estrella.

SÉNECA

Que no te pase lo que a mi, que a mis 61 años de edad vivo arrepentido de no haberme dedicado profesionalmente al canto. Todos los días yo canto, desde los ocho años de edad lo hago. Pero se me hace un nudo en la garganta, y brotan lagrimas de mis ojos, al ver a un cantante famoso en un escenario; y me digo: eso yo lo pudo hacer; yo podría estar ahí si hubiera seguido mi sueño de adolecente, el camino de la música.

ALEJANDRO MENA

Dedicatoria...

Dedico este libro con mucho cariño para mi compañera, con quien convivo diariamente desde hace 45 años, mi **esposa**
Martha Catalina Gómez Hernández.

Para nuestros **hijos:**
Martha Catalina Mena Gómez; ahora San Miguel,
Jesús Alejandro Mena Gómez; y
Judith Adriana Mena Gómez; ahora Chapman.

También para mis tres grandes y nuevos amores, mis **nietos:**
Alan Ray San Miguel;
Sebastián Alexander San Miguel; y
Jaqueline San Miguel.

Para el mejor abogado de The Woodlands, Texas, mi **yerno,**
el Doctor en Jurisprudencia, Alan Ray San Miguel Alanís.

Y para el más nuevo integrante de mi familia, mi **yerno,**
Ronnie Chapman

Alejandro Mena

The Woodlans, Texas

IMPORTANTE

Fines informativos de este libro

Lo expuesto en este libro representa la opinión del autor, y no es aplicable a todas las situaciones personales. Aunque alguna situación suya parezca muy similar, puede tener muchas diferencias en algunos aspectos legales. Además las leyes y los reglamentos sobre las franquicias están en constantes cambios, y dependen de cada país. Tomando en cuenta la fecha en que se escribió este libro, y la fecha de su publicación, posiblemente algunas cuestiones pueden haber cambiado. Por lo tanto el autor y la editorial, no se hacen responsables de las acciones tomadas por los lectores en base a lo que leyeron aquí. Cada lector debe tener mucha precaución al aplicar todo lo descritos en este libro, en sus circunstancias personales. Nuestra recomendación es que consulte un profesional en la materia, antes de tomar cualquier decisión. Use su sentido común y tenga mucho cuidado.

El material mencionado en este libro, se proporciona únicamente con fines informativos, y no constituye un asesoramiento legal. El asesoramiento legal debe proceder únicamente de su abogado o representante jurídico.

Cuéntale a Dios tus Sueños

Valores Fundamentales

Mi Firma de Consultoría esta fundada en valores universales de amistad, respeto, honradez, verdad, bondad, honestidad, integridad, equidad, amabilidad, solidaridad, responsabilidad, justicia, sinceridad, tolerancia, valentía, perseverancia y disciplina. Nosotros honramos a Dios en todo lo que hacemos. Esto esta reflejando en como tratamos a los demás y conducimos nuestros negocios y el gran rendimiento que tenemos.

Mi Misión

Tener en Latino América, la mejor Firma de Consultoría en la que los Principio Bíblicos, son la mejor guía en el trato a nuestros clientes. No hacemos a otros, lo que no nos gustaría que nos hicieran a nosotros.

Ya se ha dicho:

"Has a otros lo que te gustaría que ellos te hicieran a ti. Mateo 7:12"
"Todo el que me confesare delante de los hombres, yo lo confesaré ante mi Padre que esta en los Cielos. Mateo 10:32"

Alejandro Mena

INDICE:

SOBRE EL AUTOR

He constituido un firma de consultoría donde nos dedicamos apoyar emprendedores, empresas y organizaciones, mediante el modelo de franquicia. Llenos de satisfacción vemos como las marcas de nuestros clientes van posesionándose de sus mercados. He podido asesorar en su expansión a todo tipo de clientes, desde pequeñas pymes, hasta grandes corporativos, desde empresas sumamente rentables, hasta organizaciones sociales sin afán de lucro, tanto en Estados Unidos, México, Centro y Sudamérica principalmente. Lo que me posiciona como líderes en el desarrollo y expansión de franquicias.

Nuestra gran fortaleza es la experiencia, esta se desarrolla desde la creación de la firma, en donde he tenido contribuciones trascedentes en el desarrollo de la propiedad intelectual, lo mismo que en las modificaciones legislativas que desde 1990 se ha llevado acabo en el ramo de la franquicia.

Para nosotros es fundamental estar cerca de nuestros clientes, y lo hemos logrado al contar con oficinas en las principales ciudades de Estados Unidos y México, así como representaciones en todo Latinoamérica, todas ellas con consultores y asociados profesionales de reconocida calidad y experiencia en la entidad.

Nuestra oferta es integral ya que abarcamos el desarrollo de franquicias, la creación de marcas, la asesoría en propiedad intelectual, y el desarrollo del marco jurídico, la comercialización e internacionalización de franquicias, el análisis y estandarización de los procesos, el diseño y mejora de la identidad corporativa, así como un proceso de evaluación de la franquicia para el análisis del inversionista.

Siempre hemos buscado el éxito de la franquicia, con una total transparencia y honestidad, para tener un concepto de ganar-ganar tanto para el franquiciante como para el franquiciatario.

Como consultores en franquicias y negocios, identificamos sus necesidades, analizamos el entorno y aplicamos nuestra metodología para proponer y desarrollar el modelo de negocio adecuado para alcanzar sus objetivos.

Le ayudamos en:

- Desarrollo de franquicias
- Plan de negocios
- Manuales y programas de asistencia
- Sistema interactivo de capacitación SICAF
- Diagnóstico de franquiciabilidad
- Conceptualización de nuevos negocios

- Actualización y consultoría continua de franquicias y negocios

- Análisis de competencia
- Evaluaciones financieras
- Certificación de Franquicia (Norma AMF)
- Reingeniería de procesos

El Autor

Lic. Alejandro Mena

INTRODUCCIÓN

Primero voy a dar una visión general sobre lo que es el sistema comercial de franquicias, y después entraré en las características propias del contrato, para cuando alguien quiera expandirse a través del régimen de franquicia, o quiera adquirir una franquicia, conozca todos los pasos previos que tiene que hacer antes de firmar ese contrato. Son contratos muy cerrados y muy blindados que poca cosa puede moverse de ellos. O cuando ya se tenga un contrato firmado, y tenemos que buscarle donde podemos encontrar algo para solicitar la nulidad, o una nulidad parcial del mismo.

A muchas personas asalariadas les preocupa el futuro incierto de la empresa y de su puesto de trabajo. Una gran parte de ellas preferirían no tener más jefes que ellos mismos, o bien tener otra fuente de ingresos adicionales o simplemente tener otra actividad donde realizarse como personas. Pero el riesgo de fracaso de un negocio en solitario es muy alto. En ese momento pensar que se puede perder lo que ya teníamos en forma de ahorros o propiedades, hace que desistamos de la idea.

Comúnmente los negocios que se establecen en sistema comercial de franquicia con una marca determinada, siguen funcionando cinco años después de su apertura. Los que comienzan un negocio desde cero, por cuenta propia, el

80% de ellos antes de los cinco años ya cerraron, y una de las razones principales es la falta de conocimiento especializado en todas y cada una de las facetas del negocio.

Por ejemplo un señor puede entender mucho de hamburguesas y decide el solo montar una hamburguesería. Puede ser que haga las mejores hamburguesas del mundo, pero el desconocimiento de técnicas de marketing, publicidad, trato con empleados, imagen, contabilidad, etc., harán que le sea muy difícil levantar el negocio.

Sin embargo, montando su negocio de franquicia, podrá dedicarse de lleno al funcionamiento diario de su negocio, mientras que el franquiciador se preocupará de investigar nuevos productos, suministrarle regularmente la mercancía, hacer campañas de publicidad y otras cosas imprescindibles para el buen funcionamiento del negocio.

En el presente libro, mi objetivo es exponer el contrato de franquicia, su concepto, características, ventajas y desventajas que presenta esta alternativa comercial.

A medida que las sociedades avanzan, y en especial en estos últimos tiempos en los que la economía tiene una importancia protagónica, se ha generado junto a los nuevos modos de vida y necesidades actuales, una serie de nuevas formas de hacer negocios que han sido captadas por el Derecho.

Para tener una idea de lo que vamos a tratar, definamos primero el concepto de franquicia:

La Franquicia es un contrato, por el cual una parte (franquiciante) propietaria de un nombre comercial, emblema identificatorio, patente industrial o marca registrada, con tecnología que la caracteriza e identifica el "Saber Cómo" mejor conocido como el "know how", y organización, instalaciones, estructuras, productos y una forma particular de prestar servicios, le cede a la otra parte (franquiciado) una licencia para la explotación o venta de esos productos o servicios y aprovechamiento de su tecnología de fabricación (know how), organización, sistemas de comercialización y campañas publicitarias, a cambio de una contraprestación periódica más una especie de regalía denominada "royalty" que se va a aplicar sobre ventas en gran magnitud.

La Franquicia responde a la necesidad de una renovación constante de la oferta de mercado, obligada por la imparable y creciente aparición de nuevos competidores y la exigencia de ofrecer nuevas prestaciones.

Capítulo I

ANTECEDENTES

El contrato de franquicia tal y como se conoce en la actualidad, es un fenómeno relativamente nuevo. Aunque históricamente las franquicias han sido utilizadas como medio para la prestación de servicios públicos, y desde el siglo pasado han sido utilizadas por el sector privado como un sistema de mercadotecnia aplicado a bienes y servicios.

El desarrollo del concepto de franquicias se remonta al siglo XII, sin embargo, existen dos épocas muy marcadas en el desarrollo de las franquicias como sistema comercial y de negocios: la primera, a partir de la segunda mitad del siglo XIX y principios del XX y la segunda desde la posguerra hasta nuestros días.

En la edad Media. El origen de la palabra franquicia se remonta a la edad media, época en la cual un soberano otorgaba o concedía un privilegio a sus súbditos, quienes en virtud del mismo podían realizar actividades tales como la pesca y la caza, reservadas en todo caso a determinadas zonas del reino. Tales autorizaciones o privilegios se designaban utilizando el término "franc".

Así mismo en Francia, las ciudades con "cartas francas" eran aquellas que tenían privilegios especiales que les garantizaban a ellas o a sus ciudadanos ciertas libertades o autonomías, tales como la libre circulación, la dispensa permanente de pagar tributos al Rey o al señor de la región.

Igualmente en esa época la Iglesia Católica concedía, a ciertos señores de tierras, autorizaciones para que actuaran en su nombre, en la recolección de los diezmos debidos a la iglesia, permitiendo que un porcentaje de lo recaudado fuera para ellos a título de comisión y el resto para el Papa.

Primeros Sistemas de Franquicias en Estados Unidos

En los Estados Unidos durante la década de 1850 a 1860, la *Singer Sewing Machine Company,* resolvió cambiar su estructura básica de funcionamiento, estableciendo una red de concesionarios/vendedores, a quienes se les cobraba una participación por el derecho a distribuir sus máquinas de coser en territorios específicos, debido a los altos costos laborales que implicaba el sostenimiento de numerosos vendedores directos. Singer mantuvo este esquema tan solo por diez años, haciéndola una de las marcas más reconocidas en el territorio norteamericano, sembrando las bases del actual sistema de franquicias, sido ésta una franquicia de producto y marca, dando origen a los elaborados sistemas de franquicias con que contamos actualmente.

No obstante lo anterior, la utilización masiva del sistema de franquicias por el sector privado comenzó en Norteamérica en 1865, al finalizar la Guerra de Secesión, como forma de expansión de las actividades de los industriales del norte en colaboración con viajeros y comerciantes del sur y oeste.

Tal es el caso de las compañías manufactureras que en ausencia de capital y de personal capacitado para desarrollar y operar establecimientos minoristas, otorgaban derechos exclusivos de distribución a comerciantes independientes.

En 1898, la *General Motors* adoptó un sistema similar, ya que no contaba con los recursos para abrir puntos de comercialización propios, viéndose en la necesidad de otorgar concesiones, sistema exitosamente utilizado en la industria automotriz de hoy en día. Las compañías petroleras y de auto-partes siguieron el ejemplo de las dos anteriores, logrando con este sistema expandir la distribución de sus productos, sin capital ni riesgos propios.

En 1898, *la industria de gaseosas* comenzó a utilizar igualmente el sistema de franquicias. En este caso, una embotelladora (franquiciado) recibía el concentrado, o el derecho a producir el concentrado, mediante la utilización de una fórmula, junto con el derecho a producir las gaseosas,

identificadas con la marca del franquiciador y distribuirlas en un área exclusiva.

Por su parte, el franquiciador realizaba la publicidad, el mercadeo y otros servicios de apoyo, exigiéndole al franquiciado la producción de las gaseosas, obviamente bajo estrictos criterios de calidad previamente definidos.

En 1899, mediante la utilización de este sistema, la empresa *Coca-Cola* se convirtió en la primera embotelladora del mundo. Para esa época, Coca-Cola operaba directamente sus fuentes de soda donde expendían su producto. Sin embargo, algunos inversionistas lograron convencer a la firma para que les otorgara el derecho a proveerse, por parte de Coca-Cola, del concentrado necesario para embotellar la bebida en las instalaciones del franquiciado, quien se encargaría de distribuirla a nivel regional. El franquiciado, absorbía así el 100% del costo de instalación se encargaba de su manejo, a cambio de recibir el concentrado necesario para el producto y el apoyo publicitario centralizado.

Conforme crecía la demanda del producto, los franquiciados de Coca-Cola vendieron a su vez franquicias a otros. De esta manera, sub-franquiciaron el negocio, de forma que adquirían de Coca-Cola el concentrado que luego, con un sobreprecio revendían a sus sub-franquiciatarios. De este modo suplieron la falta de recursos y de habilidad administrativa necesarios para llegar directamente a todo el mercado nacional.

En 1921, la empresa *"Hertz Rent a Car"* resolvió ampliar su red de distribución a través de concesiones similares a las franquicias, siendo hoy, entre otras, líder mundial en el servicio de arrendamiento de vehículos, con más de 370 franquicias otorgadas y 1076 puntos de operación de servicios.

Paralelamente en Francia, en ese mismo año, la fábrica de lanas *"La Lainiere de Roubaix"* trataba de asegurar salidas comerciales para la producción de una nueva planta y para tal efecto, se asocio con un número de detallistas independientes ligados por un contrato que les garantizaba la exclusividad de la marca en un sector geográfico determinado.

Por la importancia de estos hechos, ocurridos en Estados Unidos y Francia en forma simultánea, es que muchos expertos en el tema, sitúan en 1929 el nacimiento del sistema de franquicias.

A mediados de los años 30, después de la gran depresión en el marco del gran dinamismo empresarial que ya vivía los Estados Unidos, aparecieron en el mercado las franquicias de los *hoteles y los restaurantes Howard Johnson* cuyo caso merece ser comentado. Esta importante y conocida cadena se había iniciado en 1925 como un negocio de helados con un capital inicial de $500 USD obtenidos de préstamos de terceros. El negocio evoluciono hasta llegar a convertirse en una cadena de restaurantes exitosos, con la característica singular de tener un techo naranja brillante.

El señor Johnson ante la carencia de los recursos económicos necesarios para inaugurar nuevos restaurantes, utilizo el método de franquicia como sistema de expansión. Es así como celebro un acuerdo de franquicias, con un compañero de universidad, mediante el cual se comprometió, por un lado a venderle helado y otros productos relacionados con el negocio, y por otro a ayudarle con el diseño, instalación y supervisión del restaurante.

Los franquiciados no tenían experiencia previa en el negocio de los restaurantes, sin embargo, a través de las franquicias, sus dueños obtenían los beneficios que les otorgaba el franquiciador, tales como la experiencia y la oportunidad de beneficiarse de las ganancias de un concepto probado. A cambio el señor Howard Johnson obtuvo ganancias de los productos que vendió a sus franquiciados.

El Gran Auge de la Posguerra.

De nuevo son los Estados Unidos los protagonistas del desarrollo de las franquicias, a mediados del siglo XX. El mayor crecimiento de las franquicias se produjo después de la segunda Guerra Mundial.

Los diferentes factores sociales, económicos, políticos, y legales, fueron los que hicieron que el periodo de la posguerra fuera un clima propicio para el desarrollo de la franquicia. Una economía y población en crecimiento, crearon una rápida demanda de bienes y servicios, y una oportunidad para desarrollar nuevas empresas.

Igualmente al regreso de la guerra de miles de hombres ambiciosos con conocimientos básicos, con poca experiencia en la creación y dirección de empresas, pero con intenciones de establecer negocios propios y en ocasiones estimulados por la facilidad de financiamiento que ofreció el Gobierno Norteamericano de la posguerra, contribuyó también a la consolidación de la figura.

El método de franquicias permitió que personas emprendedoras pero inexpertas, pudieran comenzar sus propios negocios con entrenamiento y supervisión de un empresario con un amplio conocimiento del negocio que pretendía franquiciar. Así mismo, los hombres de negocios que tenían conceptos innovadores o experiencia en algún campo específico encontraron que por medio de las franquicias, podían explotar estos conceptos sin el capital requerido para otro tipo de negocio.

La traducción de la voz anglosajona “franchising”, que se acuñó para designar a un sistema de distribución comercial sumamente exitoso, luego recorrió el mundo, identificándose en distintos países que le otorgaron con palabras similares el mismo sentido comercial.

Capítulo II

SISTEMA COMERCIAL DE FRANQUICIA

Empecemos por definir lo que es el Sistema Comercial de Franquicia, ya que por donde quiera que vayamos vemos franquicias, principalmente en las grandes plazas comerciales. Pero en realidad no sabemos con exactitud lo que es una franquicia. La franquicia se define como un sistema comercial de intercambio, donde hay intercambio de productos, de prestación de servicios, de tecnologías, entre una empresa el franquiciador y otra empresa el franquiciado, en el que hay esa transmisión de conocimientos a cambio de una contraprestación económica.

En esa transmisión de conocimientos, el franquiciador lo que va a transmitir, lo que va a ceder primero es el uso de una marca, y toda la imagen corporativa de la empresa de la que tiene que ser titular y, cuando preciso esto de que tiene que ser titular de la marca, suena esto como una obviedad, pero es que se han dado casos en que una empresa que es usuaria de una marca de un logotipo, pero no ha tenido la precaución en esos días de inscribirla en el Registro de Patentes y Marcas, y la está usando, y luego cede el uso de esa marca sin ser realmente el propietario de la misma. Eso puede dar lugar a muchos pleitos, a muchos problemas.

Tiene que transmitirle el "Como saber Hacer" las cosas intrínsecas de esa empresa que la han llevado a tener éxito, dándole una formación al franquiciado. Esa formación es muy importante y tiene que ser inicial y continuada, del franquiciador a sus franquiciados.

El franquiciador no puede hacer lo que hacen muchas "Cuasi-Franquicias" de coger un contrato, firmarlo, cobrar, y olvidarse de sus franquiciados y ahí se van a su suerte.

Una de las características del contrato de franquicia que no debemos olvidar, es que es una colaboración jurídica y estrecha entre empresas jurídica y financieramente diferentes; esta es la máxima que debiéramos tener en cuenta siempre en una relación de franquicias.

Son completamente diferentes, una franquicia va a actuar siguiendo las indicaciones que le da la central franquiciadora, pero luego en determinada forma él es soberano, responsable de sus actos y él es el único responsable de si va a ganar o no va a ganar dinero.

Porque se daba muchas veces el caso, que te llega alguien al despacho y te dice: Yo compre esta franquicia me está yendo mal y no gano dinero y quiero rescindir el contrato. Bueno cuidado, si nos ganas dinero porque no estás desarrollando bien el negocio o no has tenido buena suerte, o porque no has ubicado viene local, o porque no tienes don de gente, no se te dan los negocios, o por cualquier otro motivo, tú no se lo puedes achacar a la central franquiciadora, que nunca jamás se va a responsabilizar de que tú tengas éxito en el negocio o no.

Otra cuestión es que tú no tengas éxito y no ganes dinero, porque las indicaciones que te dio son erróneas, porque el asesoramiento que te dio es erróneo, o porque los números y las expectativas del negocio que te dio eran falsos, entonces ahí vamos a ver sí posiblemente en ese caso, si podamos solicitar una terminación o nulidad del contrato.

Capítulo III

EL CONTRATO DE FRANQUICIA

El elemento clave de la franquicia es el contrato de franquicia. En este contrato se fijan las condiciones que van a regir en la relación entre el franquiciador y franquiciado.

La franquicia se fundamenta en un contrato escrito rubricado por dos partes: El Franquiciador y El Franquiciado. Muchas veces se ha comparado a la franquicia con un matrimonio, en el aspecto que ambos deben de remar en la misma dirección, pero creo que esta similitud no corresponde con la realidad, ya que el franquiciador por naturaleza no es monógamo sino polígamo, pues no tiene solo una franquicia, sino las más que se pueda. El contrato es un requisito imprescindible, de forma que si no se ha establecido un contrato podemos afirmar que no existe franquicia.

Hay que remarcar que la no-obligación del franquiciador y franquiciado a sujetarse a un "contrato tipo", presenta como ventaja la flexibilidad, es decir, que el contrato pueda adaptarse a las personas, situaciones, etc. Pero por el contrario el principal inconveniente viene dado por la posición de superioridad del franquiciador sobre el franquiciado, que ocasiona, muy frecuentemente, que para este último sea un contrato de adhesión.

Por lo tanto es consustancial e imprescindible para que hablemos de franquicia, que el acuerdo entre franquiciador y franquiciado sea objeto de contrato por escrito.

A. Principios

Las características o principios que deben regir el contenido de este contrato, se resumen en los tres apartados siguientes:

- Equilibrado: Para que la franquicia tenga éxito es esencial que tanto el franquiciador como el franquiciado, como resultado de la convergencia de esfuerzos comunes, obtengan beneficios adicionales a los que podrían conseguir actuando de forma independiente.
- Completo: El contrato de franquicia debe ser completo, es decir, debe incluir y prever todas las circunstancias, situaciones y problemas que afecten a las relaciones entre franquiciador y franquiciado.
- Preciso: La precisión en el contrato de franquicia hace referencia a que no pueda dar lugar a diferentes interpretaciones, es decir, que no admita ambigüedades entre las partes. Por lo tanto, las matizaciones sobre cualquier aspecto para una mejor compresión del mismo deben ser

recibidas con agrado por franquiciador y franquiciado. El contrato de franquicia descansa en el pilar de la mutua confianza y los contratantes tiene que unir sus esfuerzos para evitar malentendidos en sus relaciones reciprocas.

B. Los Pagos:

Los acuerdos de franquicia estipulan, que el franquiciador proporciona un “saber hacer”, signos distintivos, servicios, etc., al franquiciado, éste a cambio realiza una serie de contraprestaciones financieras que son los pagos.

La filosofía que debe orientar la fijación de los pagos o compensaciones, que el franquiciado abona al franquiciador, se centra en tres puntos:

- Claridad. El franquiciado, a nuestro entender, debe saber de forma diáfana la correspondencia entre lo que abona y lo que recibe del franquiciador.
- Objetividad. Los pagos reflejan de forma objetiva las contraprestaciones (se paga algo por algo). La relación de intercambio entre franquiciador y franquiciado debe ser lo más objetiva posible.
- Satisfacción de las partes. La satisfacción del franquiciador y el franquiciado en sus relaciones de intercambio, evitará la mayor parte de los problemas que se puedan suscitar en la franquicia.

Podemos clasificar los pagos que realiza el franquiciado al franquiciador, en tres grandes rótulos:

- Derecho o canon de entrada.
- Derecho o canon periódico o royalty.
- Otros pagos.

C. Canon de entrada:

Canon de Entrada es la cantidad que el franquiciador exige al franquiciado para entrar a formar parte de la cadena. El canon de entrada consiste en un pago inicial que faculta al franquiciado para iniciar la actividad comercial. Este canon es un elemento característico de toda franquicia, aunque algunos franquiciadores no la exijan.

El canon de entrada es una compensación que abona el franquiciado al franquiciador y que a mi parecer, recoge los siguientes conceptos:

- Derecho a usar las marcas y los signos distintivos del franquiciador.
- Concesión de un territorio de exclusividad al franquiciado.
- Cesión del “saber hacer” al franquiciado.
- Servicios y asistencias previas a la apertura del negocio.

D. Cuotas o Canon de funcionamiento (Royalties - Regalías)

Los royalties (regalías), son pagos periódicos (mensuales o, en raros casos, trimestrales o anuales), como contrapartida por los resultados periódicos obtenidos por el franquiciado. Este canon, al igual que el de entrada, debe hacerse constar expresamente en el contrato de franquicia. La filosofía que rige estos pagos se asienta en la idea de que el franquiciado obtiene unos beneficios en su actividad gracias al continuo apoyo, asistencia, servicios, etc., que le presta el franquiciador.

Las cuotas de funcionamiento pagadas por el franquiciado, a nuestro entender deberían incluir todos o parte de los servicios siguientes:

- Publicidad
- Formación continúa
- Asistencia e información continúa
- Ayudas en la gestión del negocio
- Aprovisionamiento
- Control
- Saber hacer renovado
- Investigación y desarrollo de nuevos productos o servicios. Entre otros más.

El tipo de canon periódico más frecuente y normal, es decir, el que adoptan la mayor parte de las cadenas de franquicias, es el que se calcula como un porcentaje sobre el volumen de ventas o ingresos (en algunos casos beneficios) del franquiciado (KFC, Burger King, Protaprint, Wendy, Laboro).

Otra variante, a la hora de establecer el canon periódico, consiste en cobrar un importe fijo, como ya dijimos, normalmente mensual.

Otros Pagos:

Los pagos más comunes, que existen o pueden existir, se refieren, por orden de importancia a los siguientes apartados:

- Comunicación en especial como a la publicidad y promoción de tipo local.
- Formación. No solo la formación inicial previa al comienzo de la actividad sino también a la formación continua.
- Contribución a la innovación y desarrollo de productos, técnicas de gestión, ventas, etc.
- Servicios especiales que el franquiciado demande al franquiciador.

E. Exclusividad Territorial:

La exclusividad en la franquicia presenta dos aspectos, la exclusividad de aprovisionamiento que trataremos posteriormente y la exclusividad territorial que es el centro de este epígrafe.

Una de las características de la franquicia, es que el franquiciador concede al franquiciado un área, zona o territorio de exclusividad. Esto supone que el franquiciador tiene perfectamente diseñadas las diferentes áreas territoriales que comprenden su mercado y que las va a ir concediendo en exclusividad a los diferentes franquiciados. La extensión de esta área puede ser muy distinta dependiendo del tipo de franquicia y productos o servicios comercializados. Un área o zona puede ser desde un continente o un país hasta un barrio o una calle de una ciudad.

Por tanto, se debe ser consciente de la importancia de diseñar las áreas comerciales del franquiciador, con anterioridad a la puesta en marcha de la cadena. Los territorios deben ser los adecuados para el éxito de los negocios franquiciados y deben tener una validez temporal sin modificaciones sustanciales. Contrasta este planteamiento con la realidad de muchas cadenas que van configurando y concediendo exclusividades territoriales sin un diseño previo o poco formalizado.

F. Servicios del Franquiciador al Franquiciado

Los servicios que presta el franquiciador al franquiciado, difieren de una cadena a otra. Generalmente, son las franquicias más notorias las que también prestan más servicios. El franquiciado debe tener en cuenta y valorar económicamente los servicios que le presta el franquiciador.

Aunque es difícil establecer una clasificación de los servicios prestados regularmente, o con menor asiduidad, los he dividimos en los siguientes rótulos:

Antes del inicio de la actividad comercial:

- Local comercial.
- Formación inicial.
- Recursos financieros.

Después del comienzo del negocio:

- Ayuda publicitaria.
- Formación continua.
- Ayuda gestión y administración.
- Asistencia e información.

G. El Local

El local es uno de los elementos fundamentales para el éxito del negocio. Las franquicias tienen diseñadas claramente las condiciones que deben requerir y que posibilitan la continuidad del negocio comercial. No sirve cualquier local. Debe estar ubicado y tener las condiciones adecuadas.

El franquiciador proporciona al franquiciado servicios totales respecto al local comercial; en concreto, destacamos los siguientes puntos:

- Ubicación. Selección del lugar de emplazamiento y el tamaño del mismo.
- Acondicionamiento. Comprende el diseño interior y exterior, así como señalar las obras necesarias de reforma y adaptación del local.

Estudios comerciales, sobre alguno de estos apartados:

- Mercado o ventas potenciales en el territorio.
- Comportamiento del consumidor.
- Tipos de clientes.
- Competidores.
- Etc.

Instalación y montaje.

- Distribución en planta.
- Estanterías.
- Mostradores.
- Cajas.
- Equipo en general.
- Etc.

H. Formación del Franquiciado

Es conveniente distinguir entre la formación inicial de la apertura y, la formación permanente, es decir, la que va paralela al desarrollo y continuidad del negocio en el tiempo.

Formación Inicial: El franquiciador tiene la obligación de comprobar que el franquiciado y/o a los empleados del mismo, poseen la formación necesaria que permita asegurar los resultados previstos de la actividad comercial, cuando esto no sucede ha de ayudarle a adquirir la citada formación.

La formación inicial es imprescindible, y para poder llevarla a cabo el franquiciador debe contar con el equipo necesario que pueda realizar esta función. Esta formación es fundamental, sobre todo si los conocimientos del franquiciado son exiguos, o la actividad a ejercer requiere especialización.

Formación Continua: Igualmente importante es la formación continua; nuevos productos, nuevas técnicas de venta, tecnología, merchandising, gestión, etc. Desgraciadamente esta formación es poco apreciada por los profesionales del comercio, que piensan, generalmente, que lo saben todo y lo hacen mejor que nadie. Por estas razones, muchos franquiciadores prefieren como franquiciados personas sin experiencia en el comercio, lo que posibilita una enseñanza que no tenga que desterrar posibles vicios adquiridos, durante el desarrollo de su actividad pasada.

Se pueden considerar como elementos añadidos de formación los siguientes:

- Boletines, cartas, periódicos, etc.

- Elementos de asistencia como visitas, desplazamientos, contactos telefónicos, etc.
- Congresos, seminarios, convenciones, etc.

I. Publicidad:

Publicidad General: El primer tipo, la publicidad nacional, internacional o regional, es la publicidad que realiza el franquiciador en la totalidad del mercado donde operan sus franquiciados. Este mercado normalmente, es nacional, pero puede ser de ámbito menor, sobre todo en el caso de que una franquicia sea joven, o de un ámbito superior, cuando la franquicia opera internacionalmente.

Publicidad Local: Es el segundo tipo de publicidad específica adaptada al territorio exclusivo concedido a un franquiciado. Parece evidente que la publicidad local es una publicidad complementaria del primer tipo de publicidad y, por consiguiente, debe haber una perfecta sincronización entre ambas, es decir, buscar los mismos objetivos, estar en la misma línea en cuanto al uso de imagen de marca, enseñas, estilo, posicionamiento, etc.

Publicidad de Lanzamiento: Aunque una de las grandes ventajas de la franquicia consiste en que el franquiciado, desde el inicio de su actividad, va a disponer de una clientela que acudirá atraída por el prestigio y el saber hacer de la marca franquiciadora, conviene advertir que no siempre las marcas de franquicia son muy conocidas, y aunque lo fueran, para reforzar el impacto de la apertura de un establecimiento franquiciado es conveniente realizar una campaña de lanzamiento. La publicidad de lanzamiento se torna como uno de los elementos que contribuye a aumentar el éxito del negocio desde el primer día de inicio de la actividad.

J. Control sobre el Franquiciado

Otro elemento de la franquicia, es el control que el franquiciador debe ejercer sobre el franquiciado. El control es uno de los pilares básicos de las relaciones entre las partes por dos razones:

- Para el éxito del negocio, y
- Como factor para asegurar y reforzar la confianza de que no hay defraudaciones del franquiciado al franquiciador.

El contrato de franquicia debe explicar claramente respecto al control del franquiciado, los siguientes apartados:

- Las normas de control establecidas por el franquiciador al franquiciado. Por ejemplo, como se van a desarrollar las inspecciones, en que van a consistir, la aceptación de los controles, la colaboración en el control, etc.
- La forma de llevar la contabilidad el franquiciado, la puesta al día de la misma, su puesta a disposición del franquiciador.
- Suministrar al franquiciador los datos y estadísticas en la forma y periodicidad exigidas.
- La recogida de información del mercado en las mismas condiciones del apartado anterior.

- La obligación para el franquiciado de unas ventas mínimas.

K. Política Común de Grupo:

El contrato de franquicia tiene sus pilares, en que el franquiciador pone a disposición del franquiciado una marca, un logotipo y un saber hacer. Por tanto, es una obligación y un derecho que el franquiciado utilice, en todas sus actividades comerciales, estos signos distintivos, fundamentalmente en las tares que conforman la venta y en sus campañas promocionales.

L. Extinción del Contrato:

Duración del Contrato: La duración del contrato es muy variable, puede oscilar de 1 a 20 años. No obstante, la mayor parte de los contratos tienen una duración que varía de 3 a 5 años.

Hay que tomar en cuenta que en muchas franquicias, la duración del contrato está en función de la inversión que efectúa el franquiciado. Cuanto más alto sea su monto, parece lógico pensar, que su plazo de validez debe ser mayor, para que el franquiciado disponga de un período de tiempo apropiado para amortizar la inversión.

Finalización del Contrato: El contrato puede especificar o no, qué sucede a la finalización del mismo. Un pequeño número de contratos (en torno al 10 por 100) no explícita que sucederá a la finalización del mismo. Cuando termina el contrato en estas condiciones, el franquiciado debe inmediatamente restituir al franquiciador y cesar en la utilización de los elementos cedidos, (marcas y signos distintivos, saber hacer, manuales, etc.).

No obstante lo normal es que si las partes llegan a un acuerdo, se pueda firmar un nuevo contrato de franquicia; uno de los problemas que se puede presentar en ese momento, es la exigencia o no, de un nuevo canon de entrada al franquiciado.

Tácita Reconducción: La existencia en el contrato de una cláusula de tácita reconducción, que establece un nuevo período de validez determinado, es la que se da con mayor frecuencia en la franquicia. Además, es perfectamente lógica, ya que sintoniza con la filosofía de la franquicia de diseñar relaciones duraderas entre las partes.

Renovación: Otra de las alternativas que pueden darse a la finalización del contrato, es que este recoja la posibilidad de renovar el contrato. La renovación implica obligatoriamente el establecimiento de un nuevo contrato que servirá para continuar las relaciones entre partes.

Rescisión: La rescisión es la acción que lleva a dejar sin efecto un contrato. La rescisión del contrato puede producirse por diversas causas; algunas de las más frecuentes son las siguientes:

- Por acuerdo entre las partes.
- Por razones de fuerza mayor.
- Por incumplimiento de alguna de las partes.

Obligaciones en la Extinción del Contrato: La extinción del contrato obliga al franquiciado a la restitución inmediata de los elementos constitutivos de la franquicia (signos distintivos, manuales, stocks, etc.) y al cese en la utilización de los mismos. Igualmente, el franquiciado puede quedar obligado, por las cláusulas de no-competencia, a no competir directa o indirectamente con la cadena por un periodo de tiempo determinado en un área geográfica determinada.

Respecto al stock del franquiciado, se pueden producir dos situaciones que deben estar previstas en el contrato:

- El franquiciador recompra el stock del franquiciado a su precio de compra, con objetivo de impedir la competencia de este último.
- El franquiciador acuerda un plazo con el franquiciado para deshacerse de su stock

Otro aspecto a tener en cuenta, es el relativo a los compromisos adquiridos por el franquiciado con sus clientes. Se pueden prever dos situaciones:

- Dar un plazo al franquiciado para acabar las relaciones con sus clientes de franquicia. y/o

- El franquiciador toma los acuerdos del franquiciado bajo su responsabilidad.

Igualmente, en el caso de rescisión por falta de una de las partes, la otra puede pedirle indemnizaciones, siempre que éstas estén determinadas en el contrato. Algunos franquiciadores incluyen en el contrato cláusulas que le proporcionan el derecho a disponer del local del franquiciado una vez terminado el contrato. De esta forma se aseguran, si lo estiman oportuno, la continuación del negocio con otro franquiciado, y por tanto, el que el punto de venta no cierre y cuente como fracaso de la franquicia.

Capítulo IV

CARACTERÍSTICAS DEL CONTRATO DE FRANQUICIA

De todo lo anterior deducimos las siguientes características del contrato de franquicia:

A. Mercantil.

El contrato de franquicia es un contrato mercantil, evidentemente son actos de comercio. Desde mi punto de vista es subjetivo, y este es un dato importantísimo que debe de tenerse en cuenta, se dice que es un contrato mercantil por los sujetos que interviene en el mismo. Y podemos decir bueno claro son empresarios. Pero ¿Qué pasa con un particular que nunca ha andado en los negocios? que simplemente decide poner un negocio y se decide por una franquicia, y pues después de un tiempo se considera engañado, que las cláusulas del contrato son abusivas, y bueno se pelea con el franquiciador y se lleva a juicio, y pues como había que defenderla apoyándonos en una ley, se acogieron a la Ley Federal de Protección al Consumidor y dijeron que esta señora no era empresaria, que era un consumidor a la que se le "engañó", etcétera. Bueno pues no les valió ese argumento, ya hay muchas sentencias que nos dicen que en el momento en que una persona se sienta a formalizar un contrato de franquicia, para todos los efectos se le va a considerar empresario.

Y eso es muy importante, porque acuérdense que estamos hablando de un contrato de adhesión. Si un contrato de adhesión es de consumidores o usuarios, las cláusulas abusivas pueden ser declaradas nulas por los juzgados. Pero cuando estamos hablando de un contrato de adhesión entre empresarios, una cláusula abusiva es una cláusula abusiva, nadie lo obligó a firmarla. Hay cláusulas muy abusivas a todas luces como esas de daños y perjuicios que he visto, en donde dicen que en caso de incumplimiento de cualquier cláusula del contrato, el franquiciado pagará siempre como daños y perjuicios 20 millones. Bueno eso si se le plantea a un juez, bueno él tiene la facultad de minorar esas cláusulas, pues no dejan de ser cláusulas penalizadoras y penales por eso ahí podría aminorarlas, pero tanto como declararlas nulas no.

B. Oneroso

Ya que una de las partes (franquiciado) obtiene una ventaja a cambio de una contraprestación en dinero a favor de la otra (franquiciante).

C. Conmutativo

Porque desde el momento de la celebración cada una de las partes conoce las obligaciones y ventajas que le corresponden.

D. Formal

Se exige que se haga por escrito.

E. Atípico

En algunos países cuando no se encuentra legalmente regulado ni en el Código Civil o ley nacional.

F. Típico

En Otros países que su legislación lo regula.

G. Consensual

Porque queda perfeccionado y genera los efectos jurídicos correspondientes desde el momento en que las partes manifiestan su consentimiento.

H. Bilateral

Porque cada una de las partes se encuentra obligada respecto a la otra, existiendo prestaciones recíprocas para cada una.

I. Tracto Sucesivo

Las obligaciones que se generan para cada parte no se agotan en el momento de la celebración del contrato sino que perduran más allá de éste.

Capítulo V

ELEMENTOS O CONDICIONES FUNDAMENTALES DE LAS FRANQUICIAS.

A. LA MARCA:

La marca me parece el pilar fundamental de la franquicia. Entre otras cosas, porque la mayoría de las veces cuando alguien se plantea la posibilidad de adquirir una franquicia, lo hace primero por un nombre, por una marca comercial que le resulta conocida, que sabe que tiene éxito, que está creciendo mucho. Hay tendencias que dicen que la marca es el elemento esencial del contrato de franquicia, cosa que yo estoy de acuerdo.

En una contienda judicial el franquiciado alegaba que el franquiciador no tenía inscrita en la oficina de marcas y patentes la marca, a lo que el tribunal resolvió que como no había sido perturbado en el uso de la marca, eso del registro no tenía mayor inconveniente. Con las nuevas disposiciones legales actuales, al titular de la marca, se le obliga, se le exige que la tenga registrada.

La marca es uno de los factores básicos de la franquicia. La marca está integrada por dos elementos igualmente importantes: el nombre de la marca, que es lo que permite que los compradores identifiquen un producto o servicio, y el logotipo, que es la expresión gráfica de la marca.

La marca es la palabra usada por los consumidores para solicitar los productos o servicios en un establecimiento. Es aquello que permite distinguir y diferenciar claramente productos que son similares o idénticos en cuanto a su fabricación o utilización.

Utilidades de la marca:

1. Identifican un producto, servicio o compañía.
2. Sirven para diferenciar productos o servicios.
3. Representan un valor añadido para la empresa.
4. Constituyen una propiedad legal importante.

La Propiedad Legal de la Marca

Si la marca constituye uno de los elementos fundamentales del contrato de franquicia, parece evidente que el franquiciador deberá ser el propietario legal de dicha marca. Deberán estar inscritos obligatoriamente en el registro correspondiente a su nombre, el(los) nombre(s) de marca(s), logotipos, emblemas y demás signos componentes de la marca del franquiciador.

La Notoriedad

La notoriedad de una marca, es un indicador que mide el grado de conocimiento de una marca por parte de una determinada población. El mayor grado de conocimiento de una marca se manifiesta como un factor importante para el éxito, desde su inicio de un negocio franquiciado. La forma clásica de incrementar el grado de notoriedad de una marca, es a través de la utilización de los medios de comunicación. La mayoría de las empresas bien gestionadas tienen dentro de sus objetivos publicitarios el incrementar su notoriedad.

La Imagen

Se define la imagen como un conjunto de actitudes, representaciones y sentimientos que se asocian, en la mente del público, de modo relativamente estable a una marca comercial. Imagen y notoriedad son factores complementarios y, generalmente, coincidentes entre sí. Es decir, las marcas o empresas más conocidas son también las que gozan de una mejor imagen en la mente de los individuos. Sin embargo, esto no es siempre así, puede darse el caso de empresas muy conocidas por su mala imagen e, igualmente, de algunas muy poco conocidas pero de una gran imagen.

Signos Distintivos:

Una de las mayores ventajas de la franquicia consiste en que el franquiciado pasa a disponer de una marca acreditada (nombre y logotipo), así como de emblemas, insignias, etc. del franquiciador, en definitiva lo que se conoce en el Derecho Mercantil como signos distintivos de una empresa.

Los signos distintivos más importantes son los siguientes:

1. Marcas (nombre y logotipo)
2. Nombres comerciales.
3. Rótulos del establecimiento
4. Indicación de procedencia

Denominación de origen

El nombre comercial es la denominación que utiliza el empresario en el ejercicio de su empresa. Se entiende por rotulo de un establecimiento el signo o denominación que sirve para dar a conocer al público un establecimiento y para distinguirlo de otros destinados a actividades idénticas o similares.

Denominación geográfica

Denominación geográfica es la designación directa o indirecta de un punto geográfico como lugar de fabricación, elaboración o extracción del producto.

B. EL SABER HACER (KNOW HOW):

El "Know How", es un conjunto de conocimientos que han llevado a esa empresa a ser diferente, a tener éxito. Ese "Know How", debe ser algo más sujeto, substancial, e identificado. Ese "Know How" es el conjunto de conocimientos que se le transmiten a el franquiciado, y éste tiene la obligación de tener absoluta confidencialidad de esos conocimientos durante la vigencia del contrato incluso después.

La formación es absolutamente fundamental, la mayoría de los franquiciados no han tenido una experiencia empresarial o profesional antes, y precisamente se lanzan a adquirir una franquicia porque quieren tener una vía para iniciar un negocio que sea su trabajo, y no se atreven a poner un negocio por su cuenta y riesgo, y mejor agarran una formula comercial más segura que es la franquicia, porque al adquirirla van un poco apostando a caballo ganador, pues le vas a ir apostando a un negocio, a una marca que ya ha tenido éxito antes. Por lo tanto tú no eres pionero, no vas a abrir algo nuevo, sino que vas a seguir desarrollando una actividad que ya la han desarrollado otros y que han tenido éxito.

Entonces el franquiciador tiene que formar a esos franquiciados. No se les exige que tengan experiencia en el negocio de la franquicia, la formación va como una obligación de la franquiciadora. Pero es que esa formación, no puede ser solo una formación al inicio, tiene que ser una formación continuada, porque las técnicas van avanzando, los aparatos que se utilizan, y la forma en que se van utilizando puede ir cambiando y la preparación debe ser continuada, es asistencia permanente y hablamos de que la central franquiciadora tiene que ser un apoyo constante para el franquiciado, tiene que ser y debe ser así, por su propio beneficio y por su propio interés.

Una central franquiciadora que coge los contratos y los firma y después deja a los franquiciados a sus suerte corre dos riesgos. Que al mes o dos, que el franquiciado conoce ya las formas de hacer las cosas y como el franquiciador no está encima de él, va a hacer lo que le dé la gana. Va a terminar cambiando parte de la imagen corporativa, va a cambiar a lo mejor los horarios, la presentación de la tienda, o la forma de prestar los servicios y entonces eso puede llegar a ser un problema. ¿Porque? Porque la central franquiciadora pierde el control sobre sus franquiciados. Igual que los franquiciados pueden elevar el nivel de una marca, así mismo la pueden hundir. Si usted tiene una maca que es reconocida, que tiene una posición en el mercado, que le ha costado muchísimo ganar esa posesión, ojo, cuidado, al igual que va hacer una investigación muy exacta de su franquiciado antes de firmar ese contrato de franquicia, así luego tiene que hacer un seguimiento a sus franquiciados, ver que están siguiendo las reglas. Para que no le pasen casos como ya han pasado en algunas tiendas, en donde siendo ya franquiciados de alguna marca, se ponen a distribuir productos de otras marcas de la competencia, y dice el franquiciado, pues vino un agente de ventas de otra compañía y como había un hueco aquí en el escaparate y cabían productos de otra marca, pues empecé a venderlos y para cuando se dio cuenta vendía más de la competencia que de su propia franquicia.

El Saber Hacer es el elemento clave del éxito comercial. El mayor o menor contenido del “know-how” y su adecuación a la realidad se convierte en uno de los puntos más valorados de la cadena franquiciada.

El saber hacer se define como un conjunto de conocimientos empíricos, que no pueden ser presentados con precisión de una forma aislada. El saber hacer es un conjunto de conocimientos que posee el franquiciador y que derivan, o son obtenidos a través de la experiencia al frente de un negocio.

Condiciones del Saber Hacer

1. Un conjunto de conocimientos: Que comprende el saber hacer y que es difícil de precisar de forma individual. Comprende aspectos como surtido adecuado, publicidad adecuada, técnicas adecuadas, buena gestión, correcto aprovisionamiento, etc.

2. Práctico (hacer): Aplicado a una situación real debe conseguir resultados satisfactorios. Por tanto, el saber hacer ha debido ser experimentado previamente de forma positiva.

3. Transmisible (hacer saber): Condición indispensable para la existencia de la franquicia, el que el saber hacer pueda transmitirse a otros, es decir, a los

franquiciados. La transmisión del saber hacer mediante manuales, formación, asistencia, etc., requiere un tiempo más o menos dilatado en función de su contenido.

Las formas de transmisión del saber hacer en una franquicia, de una forma muy escueta, son las siguientes:

- Manuales o "Biblia" de la franquicia.
- Formación del franquiciado.
- Asistencia técnica.

4. Estandarizado: La estandarización no tiene que ser sinónimo de rigidez. Es aconsejable que el franquiciado tenga un cierto grado de autonomía, siempre dentro del respeto a las políticas comunes a la cadena, de forma que pueda adecuar su negocio al mercado en el que está ejerciendo su actividad. Igualmente, dotarle de la posibilidad de desarrollar sus capacidades, de reaccionar frente a la competencia, etc.

5. Probado o experimentado con éxito: El know-how es el fruto de conocimientos obtenidos a través de la experiencia. Esto quiere decir, en primer lugar, que estos conocimientos se adquieren a través de un período más o menos amplio de tiempo, lo que supone la introducción de innovaciones, constantes mejoras, que son contrastadas con la realidad. Rechazando las que no produzcan mejores resultados e incorporando las que consigan buenos resultados.

6. Secreto: El no respeto del secreto por parte del franquiciado, puede suponer la ruptura con el franquiciador y la exigencia por éste de una fuerte indemnización.

Igualmente, se puede exigir que el personal que contrata el franquiciado para su negocio, firme en su contrato de trabajo, la obligación de respetar el secreto del know-how. Como prueba de este hecho, esos contratos deberán ser remitidos al franquiciador.

7. Sustancial: Cuando decimos debe ser sustancial estamos indicando que debe incluir una información relevante para la venta de productos, o la prestación de servicios a los usuarios finales, y de forma particular en la presentación de los productos para la venta. En relación con la prestación de servicios, las relaciones con la clientela y la gestión administrativa y financiera.

8. Identificado: Por identificado se entiende el que know-how deba estar escrito de manera suficientemente completa, para permitir verificar que cumple las condiciones de secreto y sustancialidad.

9. Original: La originalidad lleva consigo la diferenciación de los productos o servicios respecto a los competidores. La mayor originalidad, sin duda, aporta una ventaja competitiva. Igualmente, es importante la mayor dificultad para imitar el saber hacer, o la posibilidad por el franquiciado de reproducir la actividad prescindiendo del franquiciador.

C. LA HONESTIDAD

Aunque parezca extraño que ponga la honestidad como uno de los elementos fundamentales de la franquicia, aunque estemos hablando de un contrato mercantil, pero mire usted, en la relación entre el franquiciador y el franquiciado debe de haber mucha honestidad, no se deben ver como alguien al que yo tengo enfrentarme y ver cómo le puedo engañar en cualquier aspecto del contrato, para yo ganar un poco más de dinero y que el no gane. La relación entre el franquiciador y el franquiciado, yo siempre pongo de ejemplo, que debe de ser como la de un matrimonio, que los dos tienen que caminar en el mismo sentido, porque si al franquiciado le va bien, al franquiciador también, si al franquiciador le va bien va invertir más en su marca, en los medios en que se potencie su marca.

Cuando la empresa McDonald's, y pongo como ejemplo de la franquicia a McDonald, porque esta es como la madre de todas las franquicias. Cuando McDonald's empezó fue poco a poco haciendo su marca, y a medida que va creciendo su red de franquicias, se beneficia al franquiciador, pero también se benefician directamente los franquiciados y a la inversa igual.

El franquiciado, que compra una franquicia, con la intención de que, no voy declarar todas las ventas, porque así le pago menos al franquiciador, y quiere andar con esas cuestiones oscuras ya va mal. Yo diría, que si usted quieres ganar el 100% de las entradas y no repartir nada con su franquiciador, pues ponga usted su propio y nuevo negocio, invente uno y una marca de negocio y abra su local. Si vas a estar unido con la central franquiciadora, debe de haber una transparencia continua y una unidad en el comportamiento de los dos.

Nosotros vemos a veces en el despacho, contratos de franquicia que en realidad son unas barbaridades, tremendos, porque el franquiciador aprieta y aprieta. El otro día teníamos uno que nos hacía gracia a leerlo, era grandísimo, y en las cláusulas de incumplimiento el franquiciador decía: Que si el franquiciado incumplía algunas cláusulas del contrato y por esa causa se tendría que rescindir, tendría que indemnizar al franquiciador con $120,000.00 dólares. Y luego decía a renglón seguido: Como es muy difícil comprobar los daños y perjuicios que se le puedan ocasionar a la central franquiciadora por el incumplimiento de algún franquiciado, vamos a suponer siempre que los daños y perjuicios son esos $120,000.00 dólares. ¡Increíble pero cierto! esa cláusula es para reírse, que barbaridad tan abusiva en perjuicio del franquiciado.

Inclusive vi un contrato donde se decía que si el franquiciado entraba en concurso de acreedores, antes de cerrar tenía la obligación de conseguirle al franquiciador tres franquiciados, para que la marca no dejará de existir en esa ciudad.

D. EL EXITO

Otro de los pilares de la franquicia es el éxito, y el éxito porque vamos a ver que nadie puede dar lo que no tiene. Y el sentido común exige que una franquiciadora no pueda vender franquicias, si ella no ha tenido primero éxito.

Usted cuando vendes una franquicia, no es una idea de negocio que se le ocurrió, y que requieres de socios, porque para eso busca socios y no franquiciados. Para que pueda vender a sus franquiciados, les tienes que demostrar primero que su negocio tiene éxito, y negocio de éxito es el que gana dinero. Cuando usted se lo pueda demostrar a sus franquiciados, le va a servir como carta te presentación, y a lo mejor a ellos le sirve para evidentemente lanzarse en el negocio, siempre esos números que se entregan a los franquiciados deben de ser con evidencias reales, y que se pueda constatar. Hay que huir de esos negocios (franquicias) que le presentan unos números maravillosos, y que al revisar en las declaraciones anuales de impuestos, se encuentra con que allí los números son nefastos.

Respecto del éxito, lo normal es eso que usted tengas cuando menos unas dos o más sucursales que estén funcionando bien, para que pueda ya franquiciarlas y vender las franquicias.

Hay excepciones, hay una franquicia que a mí me tiene sorprendido, de unas Damas que allá en España les dieron a ellas el premio de la expansión. Y no me extraña porque es algo de depilación por medio de fotografía, crearon una empresa de foto depilación, iniciaron hace más de tres años con la idea innovadora de que la foto depilación no tenía por qué ser muy cara, y hacer sesiones hasta por €30, y al estar empezando a formar la empresa, con la intención de que en el futuro franquiciarla, y al estar buscando socios capitalistas, a familiares de esos socios les gustó la idea tanto que inmediatamente compraban a una franquicia, al iniciar vendieron cinco franquicias.

Diría yo que aventureras esas cinco franquiciatarios, que sin saber si tendrían éxito, que con sólo ver la idea del negocio, sin ver todavía los resultados del éxito, compraron franquicias, y en el primer año vendieron más de 100 franquicias.

Ya llevan varios años con el negocio y me dado cuenta que llevan más de mi franquicia vendidas en España y en Latinoamérica. Un caso extremadamente excepcional, yo lo pongo como ejemplo de la excepción que sigue a la regla, esto no es lo habitual, lo habitual es primero lograr el éxito en su negocio y una vez logrado el éxito, franquiciarlo.

En caso de que el propio franquiciador, haga entrega al potencial franquiciado, de información y previsiones de cifras de ventas, o resultados de explotación del negocio, estas deberán de estar basadas en experiencias o estudios que estén suficientemente fundamentados.

Y subrayo lo referente en el caso de que información debe de entregar el franquiciador al franquiciado, pues le tendrá que dar evidentemente resultados económicos, suficientes para que el franquiciado se haga una idea de si la empresa puede ser viable o no.

Si falta alguno de estos elementos, el contrato adolece de nulidad. Si ha habido engaño a la hora de firmar el contrato en alguno de estos elementos, también adolece de nulidad el contrato.

Cuáles no se Consideran Contratos de Franquicia.

No se consideran contratos de franquicia, los contratos de licencia como una concesión. El contrato de franquicia es un contrato atípico en la mayor parte de los país de América Latina, al no tener una regulación específica, a veces se ven contratos que no los llaman de franquicia pero que en realidad tiene todos los elementos del de franquicia, y también hay otros que los llaman de franquicia y en realidad no lo son, son simplemente de cesión de un nombre comercial, de una marca, por eso es importante que tengamos en cuenta los elementos esenciales del contrato mencionados anteriormente, porque al final lo menos transcendente es como se titule un contrato, llámale contrato de franquicia, llámale contrato de agencia, llámele contrato de distribución, llámale como lo quiera llamar, porque al final lo importante es el contenido del propio contrato lo que determina que tipo de contrato es.

Capítulo VI

Las 7 Reglas Universales de las Franquicias

Regla de Oro: Identificar cuando un Negocio es Franquiciable.

En el gran mercado de la oferta de franquicias, podemos encontrar negocios que ni siquiera debía ser franquiciables y que sin embargo se han valido de diversos medios para intentar convencer al público del éxito de su negocio. Las asociaciones de franquicias hacen su función, sin embargo no son infalibles. El noventa por ciento de los negocios que están al público no son franquiciables. Para este caso nos basamos en la Teoría de la Franquiciabilidad del Lic. Rafael Jiménez Camacho la cual establece lo siguiente: "Cualquier negocio que desee ser franquiciado debe contar por lo menos con una de las siguientes características: 1) Historia: El negocio debe tener un tiempo considerable en su mercado que compruebe su éxito; 2) Novedad: El negocio debe ser tan novedoso que esta característica se pueda ver reflejada en sus utilidades; 3)

Monopolio: Que el producto o servicio que comercializa la franquicia sea un monopolio legal, esto elimina la competencia y facilita el éxito del negocio." Estos son principios que no solo se deben aplicar a quien desea franquiciar su negocio, sino que también deben tomarlo en cuenta aquellos quienes desean comprar una franquicia.

Primer Regla: El éxito no es garantizado en ningún caso.

Las franquicias son negocios y como todo negocio tiene riesgos, las Franquicias no garantizan el éxito, la idea principal es que son negocios ya comprobados que tratan de reproducir su éxito con la inversión de un tercero (el Franquiciatario), sin embargo en ningún momento se ha reportado el caso de que el Franquiciante garantice las utilidades, si así fuera sería el negocio perfecto.

Segunda Regla: El Franquiciante es el empresario. El Franquiciatario es el inversionista.

Hay que tener en cuenta que en este juego el Franquiciante es el empresario y no el Franquiciatario, lo cual significa que por regla general el Franquiciatario deberá seguir las reglas y lineamientos del Franquiciante, aunque las opiniones y experiencias de los Franquiciatarios deben ser tomadas en cuenta para mejoramiento del negocio, la voluntad que se debe seguir es la del Franquiciante, ya que él es el experto en hacer funcionar el negocio y llevarlo al éxito.

Tercer Regla: Cada Sucursal franquiciada forma parte de un todo.

Las Franquicias son sistemas formados por unidades y cada una depende directamente de la otra, es decir que si una sucursal fracasa, la especulación sobre el éxito del negocio disminuye, así como las acciones y el valor de cada franquicia. Por este motivo los Franquiciatarios deben hacer frente común para exigir lo pertinente al Franquiciante.

Cuarta Regla: El arte es copiar el éxito.

No hay mucho que explicar, las cualidades y características que crearon la fórmula perfecta para alcanzar el éxito, deben ser reproducidas de la manera más fiel posible, sobre todo cuando la Franquicia comienza.

La idea principal en la que se basa cualquier sistema de Franquicias, es la repetición del éxito para sumar utilidades, y en muchos de los casos presencia en sus mercados, pues cada sucursal que se apertura es una medalla más al éxito de la franquicia y una excelente publicidad para su venta y presencia al consumidor, recordemos que la publicidad que promueve Starbucks, es el gran número de sucursales que tienen funcionando los siete días de la semana. Las malas noticias vienen cuando alguna sucursal ha cerrado.

Quinta Regla: El negocio del Franquiciante es vender Franquicias.

Esta regla debe ser útil para ambas partes Franquiciatario y Franquiciante, en el primer caso quien desea adquirir una Franquicia debe cerciorarse, de que posterior a la venta de la Franquicia, deberá ser provisto de asistencia de parte del Franquiciante, ya que en muchos de los casos hablando de Franquicias fracasadas dejaron a la deriva a los franquiciatarios, y con respecto al Franquiciante su negocio es la venta de negocios exitosos.

Sexta Regla: Las Franquicias no son para todos.

El negocio exitoso que pone en venta el Franquiciante al gran público en general, es el punto de partida, aunque es una fiesta a la que no todos están invitados, pues este selecciona a aquellos inversionistas que cuenten con el perfil que requiere, en algunos casos requieren experiencia previa y en otros dan mayor preferencia a la inversión que puedan hacer más que a su experiencia, un error común.

Séptima Regla: "Asegúrese de contar con un buen abogado de franquicias"

Las Franquicias son una rama intermedia entre el Derecho Corporativo en todo lo que se relaciona a los Contratos de Franquicias, Circular de Oferta de Franquicia y demás instrumentos legales y el Derecho de Propiedad Industrial por lo que se relaciona al registro de marcas y propiedad intelectual, es importante que usted se asesore de un abogado y no de un ejecutivo o broker de franquicias, toda vez que deberá estar seguro de que su inversión será bien asistida y no por un asistente que intenta asesorarlo.

Capítulo VII

Tipos de Franquicias

A. **Según los Derechos que se otorgan,** podemos encontrar los siguientes tipos de franquicias.

1. **Franquicia Individual:** Es concedida por el propietario de una franquicia master o por el franquiciante inicial, a un inversionista individual para el manejo y operación de un solo establecimiento, en un área determinada.

2. **Franquicia Múltiple:** A través de este tipo de contrato, se ceden los derechos de abrir varios establecimientos en un área geográfica definida, a un solo franquiciado, el cual esta obligado a operarlos todos sin ceder los derechos adquiridos a un tercero.

3. **Franquicia Master:** A través de esta, el franquiciador cede los derechos de uso de su marca y Know How a un franquiciado, para que este los explote en una región geográfica amplia, a través de productos propios o entregando sub-franquicias múltiples o individuales.

B. **Según el Objeto** de la franquicia o ramo de actividad económica, tenemos:

1. **Franquicia de distribución:** El franquiciador actúa como intermediario en las compras, selecciona productos que son fabricados por otras empresas y los distribuye a través de sus puntos de venta franquiciados en condiciones ventajosas. El franquiciante cede los productos que el mismo fabrica y/o la marca a sus franquiciados a cambio de regalías o precios de compra más altos. Sus características básicas se concentran en el desarrollo del producto o servicio, más que en la operación del negocio. Se le concede más libertad al franquiciado, pero a la vez menos aporte operacional. Se fija en este caso al franquiciado, los productos que tiene que vender con la aportación de la marca, por ejemplo, productos alimenticios, textiles, etc. En la que el franquiciador cede al franquiciado la distribución de sus productos, junto con el derecho a utilizar su nombre comercial.

2. **Franquicia de productos y marca o franquicia de distribución no exclusiva:** El franquiciante otorga al franquiciado la autorización para el uso de su marca, junto con la venta de ciertos productos y/o la prestación de ciertos servicios, que generalmente son abastecidos por el mismo franquiciante a través de su licencia.

El franquiciante no otorga exclusividad territorial o del producto. La calidad y la cantidad de apoyo prestada por el franquiciante son mínimas, a pesar de existir algunos requisitos.

3. **Franquicia de distribución exclusiva:** La diferencia con la anterior, es que la red de almacenes que funcionan con la marca del franquiciante, la fachada constituye el canal exclusivo para la distribución de sus productos o servicios.

4. **Franquicia de conversión:** Consiste en la asociación de un grupo de empresas, agencias, almacenes ya existentes bajo un formato único. El objetivo principal consiste en unir sus esfuerzos de mercadeo, mostrando una fachada única, promoviendo las ventas por medio de programas masivos de publicidad y sistematizando la calidad del servicio ofrecido al consumidor.

Los primeros asociados, a su vez pueden recibir futuros franquiciados o ceder estos derechos a dueños de negocios similares existentes, dispuestos a cambiar su nombre y sus métodos por los de la franquicia.

5. **Franquicia de Producción:** Es aquella donde el franquiciador, además de ser el titular de la marca, fabrica los productos que comercializa en sus establecimientos franquiciados.

Aquí la empresa franquiciadora es la que fabrica los productos y es además propietaria de la marca, el Know-how, por lo que otorga franquicias para que el franquiciado produzca los productos. Por tanto, la marca que distribuye y la que fabrica es la misma.

El franquiciador actúa a modo de central de compras, seleccionando y negociando los mejores productos y las condiciones más ventajosas con los proveedores.

6. **Franquicia de Servicio:** Es el tipo de franquicia más dinámico y con más proyección. El franquiciador cede el derecho a utilizar y comercializar una fórmula o sistema original de cualquier tipo de servicio con un nombre ya acreditado y que ha demostrado su eficacia a nivel de aceptación.

Es la explotación de un determinado servicio cuya fórmula original es propiedad del franquiciador, quien la transmite a sus franquiciados. Este tipo de franquicias es la que tiene mayor auge en la actualidad.

Dentro de este tipo, el franquiciador le ofrece al franquiciado una fórmula original y específica de prestación de servicios al consumidor. Por su parte el franquiciado provee los servicios al cliente con el mismo nivel de calidad y a los mismos precios. Es importante destacar, que debido a su carácter abstracto, esta clase de acuerdo necesita una constante colaboración y transmisión de Know-how por parte del franquiciador.

Dentro de las empresas que utilizan este sistema podemos citar la cadena de comidas rápidas McDonalds, Kentucky Fried Chicken y Donkin Donuts.

7. Franquicia industria: Se compone de dos industriales: el franquiciador y el franquiciado. El fabricante del producto cede el derecho a fabricar y comercializar el producto con su marca original. Precisa una fuerte inversión de capital. Aquí el vínculo es jurídico y económico, traspasando tecnología, nombre y marca del producto. El franquiciador -quien debe ser titular de la propiedad industrial-cede a sus franquiciados la tecnología y materias primas necesarias para manufacturar un determinado producto y posteriormente venderlo en el mercado. En este tipo de franquicia, una industria decide transferirle a otra su tecnología y su propiedad industrial. En este caso, el franquiciado adquiere el derecho de producir y distribuir los productos del franquiciador utilizando la tecnología adquirida. Los ejemplos más famosos son los de Coca-Cola, Yoplait, Royal Canin, etc.

8. Franquicia-Corner: Se da cuando un comerciante tradicional acepta destinar una parte de su local de una forma exclusiva a una determinada marca, bajo las siguientes normas: En la zona destinada sólo deberá haber productos con la imagen y la marca en cuestión y hay una mayor independencia y menor exigencia por el franquiciador. Se desarrolla dentro de un establecimiento comercial, por departamentos, en el cual existe un espacio franquiciado. En este espacio, se venden los productos o se prestan los servicios objeto de la franquicia, según los métodos y las especificaciones del franquiciador. Resumiendo; Es aquella que se desarrolla dentro de otro establecimiento comercial, con un espacio franquiciado donde se venden los productos y/o se prestan los servicios del franquiciador de acuerdo con sus especificaciones.

9. **Master-Franquicia:** Esta modalidad consiste en exportar una franquicia de un país de origen hacia otro, a través de la figura del master-franquiciado, persona física o jurídica, a la cual el franquiciador original vende los derechos de su franquicia para que la desarrolle en el país de destino.

El master-franquiciado es el gestor y responsable del desarrollo y representación del franquiciador de forma exclusiva en su país, y será el encargado de seleccionar a los franquiciados, y adaptar el negocio a las características específicas del país en el que se desarrolle. Es el sistema más utilizado para extender una franquicia a nivel internacional. Se trata de la relación contractual que un franquiciador extranjero establece con una persona natural o jurídica del país en cuestión, actuando este último como franquiciado y al mismo tiempo como franquiciador de determinados puntos de venta que se inauguran, siendo directamente responsable del desarrollo y representación del franquiciador de forma exclusiva en su país o en una región de países.

El franquiciado master está encargado del establecimiento piloto, es el responsable de la selección de nuevos franquiciados, de la inversión, publicidad global de la red, y en general de todas las relaciones con los franquiciados de su territorio. Este sistema es utilizado, cuando el franquiciador no desea o no dispone de los recursos financieros y del personal necesario para desarrollar la franquicia de manera directa en el país extranjero.

Este método también es eficaz para sobrellevar las diferencias culturales, que podrían impedir, que el franquiciador accediera directamente a un nuevo mercado para sus productos o servicios. Debido al conocimiento que tiene el franquiciado en las costumbres y usos, e incluso de los vicios de tramites lógicos dentro de su país, puede servir de puente para que el franquiciador expanda sus negocios, sin necesidad de involucrarse directamente en muchos países simultáneamente, y en un tiempo que no es comparable con el que necesitaría para comprender tales costumbres y usos, con los costos que ello implicaría.

10. Franquicia de Formato de Negocio: En este tipo, el franquiciador le ofrece al franquiciado un negocio que ha sido estandarizado hasta en el más mínimo detalle y reducido a manuales, de tal forma que en conjunto con la asistencia del franquiciador, le permiten al franquiciado operar de manera exacta, a como lo haría el franquiciador en un negocio propio. El formato del negocio se refiere a todos los asuntos, incluyendo los aspectos técnicos, gerenciales, de mercadeo, de adecuación del local, de atención del cliente, etc. La franquicia de formato de negocio corresponde al concepto moderno de franquicia comercial. Se ha desarrollado principalmente en las franquicias de servicios y mixtas (distribución y servicios)

11. Franquicia de formato de tercera generación: El franquiciado recibe un sistema completo para operar el negocio, un plan total, que comprende la asistencia por parte del franquiciante, en la búsqueda del local adecuado para la instalación del negocio, el entrenamiento y la capacitación del personal en todas las áreas del mismo. Este entrenamiento se prolonga durante la existencia del contrato de franquicia. El franquiciante concede al franquiciado la exclusividad del territorio, y este último comercializa o distribuye los productos o servicios exclusivamente. El franquiciado recibe: manuales de procedimiento, apoyo publicitario, asistencia en la compra de equipos y fuentes adecuadas de materias primas o productos.

12. Franquicia por Conversión: Se trata de aquellos acuerdos en los que un negocio ya establecido accede a una cadena de franquicia, adoptando las características de la misma relativas a imagen, el nombre comercial, publicación conjunta, etc.

Capítulo VIII

Los Pros y los Contras de las Franquicias

A. Los Pros

¿Porqué una Franquicia?

- ✓ La Franquicia son conceptos y procedimientos probados.
- ✓ Inversión y resultados proyectados.
- ✓ Reconocimiento de marca o esfuerzo de branding desde el primer día.
- ✓ Todas las franquicias contribuyen a la construcción y reconocimiento de marca.
- ✓ Economías de escala y descuentos por volumen en la operación.
- ✓ Entrenamiento y soporte constante.

- ✓ Soporte para el lanzamiento: Selección del local, diseño y construcción, financiamiento, entrenamiento previo, programa de apertura.
- ✓ Más del 95% de las franquicias no requieren que el franquiciado tenga experiencia previa.
- ✓ Entrar en un nuevo mercado con nuevas leyes, procesos, permisos, idiosincrasias entre otros.

1. Ventajas de las Franquicias.

De acuerdo con la administración de pequeños negocios, la franquicia tiene varias ventajas sobre los minoristas independientes. Y estas son:

Reputación: Es un sistema de licencias establecido y bien conocido, el nuevo concesionario no tiene que trabajar para establecer la reputación de la firma. El producto o servicio que se ofrece ya es aceptado por el público.

Capital de trabajo: Cuesta menos dinero operar un negocio de concesión, porque el franquiciador le da al concesionario buenos controles de inventario y otros medios para reducir los gastos. Cuando es necesario, el franquiciador puede también dar asistencia financiera para los gastos operativos.

Experiencia: El consejo dado por el franquiciador compensa la inexperiencia del nuevo propietario.

Asistencia gerencial: El propietario de un pequeño almacén independiente tiene que aprender de todo, y un minorista experimentado puede no ser un maestro en todos los aspectos de finanzas, estadísticas, marketing y promoción de ventas. Las mejores compañías de franquicia le dan al concesionario asistencia continua en estas áreas.

Utilidades: Al asumir unos costos razonables de franquicia y convenios sobre suministros, el concesionario usualmente puede esperar un razonable margen de ganancias, porque el negocio se maneja con la eficiencia de unas cadenas.

Motivación: Debido a que el concesionario y el franquiciador se benefician del éxito de la operación, ambos trabajan adecuadamente para lograrlo.

2. Ventajas del Franquiciador

Las motivaciones del franquiciador para crear una franquicia son esencialmente las siguientes:

- Tener acceso a una nueva Fuente de capitales, sin perder o diluir el control del sistema de marketing.
- Evitar los gastos fijos elevados que implican generalmente un sistema de distribución para almacenes propios.
- Cooperar con los distribuidores independientes, pero altamente motivados por ser propietarios de sus negocios.

- Cooperar con los hombres de negocios locales bien integrados en medio de la ciudad, de la región o del país.
- Crear una nueva fuente de ingresos basada en el saber hacer técnico comercial que se posee.
- Realizar un aumento rápido de las ventas, teniendo el éxito un efecto bola de nieve.
- Beneficiarse de las economías de escala gracias al desarrollo del sistema de franquicia.

Los franquiciadores aportan a sus franquiciados una ayuda inicial y continua. Los Servicios iniciales comprenden fundamentalmente: Un estudio de mercado, un estudio de localización del restaurante franquiciado, una asistencia en la negociación de alquiler, una concepción de la decoración interior del punto de venta, la formación de la mano de obra, modelos de gestión contables y financieros. Los servicios continuos comprenden un seguimiento operativo, material de promoción, formación de cuadros y empleados, control de calidad, publicidad a nivel nacional, centralización de compras, informaciones sobre la evolución del mercado, auditorías contables y financieras, seguros aprobados, etc.

3. Ventajas del Franquiciado

La motivación de franquiciado, principalmente es beneficiarse de la experiencia, de la notoriedad y de la garantía, unidas a la imagen de la marca del franquiciador. A esta motivación básica se añaden las consideraciones siguientes:

- Tener la posibilidad de poner en marcha una empresa con poco capital.
- Reducir el riesgo y la incertidumbre, puesto que se trata de un proyecto de éxito probado.
- Beneficiarse de un mejor poder de compra ante los proveedores de la cadena franquiciada.
- Recibir una formación y una asistencia continua proporcionadas por el del franquiciador.
- Tener el acceso a los mejores emplazamientos, gracias al renombre y al poder financiero del franquiciador.
- Recibir una ayuda a la gestión del marketing y a la gestión financiera y contable de la franquicia.
- Tener locales y decoración interior bien concebidos.
- Beneficiarse de la investigación y desarrollo constantes de nuevos productos o servicios.
- Tener la posibilidad de crear su propio negocio como independiente perteneciendo a una gran organización.

El acuerdo de franquicia es una forma relativamente flexible de colaboración entre el franquiciador y los franquiciados. No obstante, existen tres fundamentos indispensables para la solidez de un acuerdo de franquicia, que son:

- La voluntad de trabajar solidariamente.
- La aceptación de un derecho de transparencia reciproco.
- El fundamento legal de la fórmula.

Esta última condición es esencial; la franquicia es un método original de distribución de un buen producto o de un buen servicio (una fórmula de éxito), no será nunca una solución para sacar de un apuro o de salvaguardia de una empresa en dificultad que se declare «franquiciador» sin haber hecho ella misma la prueba de su fórmula.

B. Los Contras

Los Estados Unidos está lleno de negocios que son tipo franquicias. Tome cualquier salida de un camino libre o carretera, y se encontrará con letreros de negocios conocidos, de gasolina, tiendas de abarrotes, restaurantes de comida rápida, y mucho más. Y usted piensa que han de estar ganando mucho dinero con esos negocios. Y se pregunta, ¿Por qué no compro un negocio de franquicia y entro a esa cadena de negocios que ya me enseñan cómo hacerlo todo?

Cuidado. No se apresure. Para muchas gente que quiere tener su propio negocio, comprar una franquicia es lo peor. A muchas de las franquicias que usted ve en el camino, o en las principales avenidas, o en el los grandes centros comerciales, muy apenas les queda algo de ganancia después de pagarle al franquiciador (Quien les vendió el uso de la maraca) el porcentaje pactado como regalías. Lo peor todavía es que muchos de esos propietarios quisieran traspasar el negocio, pero no pueden hacerlo y debido a las reglas legales y económicas impuestas por el franquiciador, terminan sintiéndose como un sirviente, más que un emprendedor o empresario. Veamos a continuación las desventajas de ser un franquiciatario, es decir comprar una franquicia para manejarla usted.

1. Desventajas de las franquicias.

Existen también desventajas para el concesionario y se presentan a continuación algunas de ellas:

Derechos: Los derechos que el franquiciador cobra por el uso del nombre de la empresa, los precios cobrados por las provisiones y otros gastos pueden ser muy altos para una localidad particular. De tal manera que se puede incurrir en pérdidas o bajos márgenes de ganancias para el minorista.

Menos independencia: Debido a que el concesionario debe seguir los patrones del franquiciador, el minorista pierde algo de su independencia.

Estandarización: Los procedimientos son estandarizados y los concesionarios no tienen mucha posibilidad de utilizar ideas propias.

Lentitud: Debido al tamaño, un franquiciador puede ser lento para aceptar una nueva idea o adaptar sus métodos a los cambios de condición.

Cancelación: Es difícil y caro cancelar un convenio de concesión sin la cooperación del franquiciador.

El control: El franquiciador tiene menos control sobre el concesionario, que si montara sus propias instalaciones de producción.

El competidor: Si el concesionario tiene mucho éxito, cuando termine el contrato el franquiciador podría encontrarse con que ha crecido un competidor.

2. Desventajas del Franquiciante:

Le imposibilita tener un control sobre las ventas realizadas a pequeñas empresas minoristas.

La rentabilidad de los lucros o ganancias que se obtengan, tendrán que ser repartidos.

El franquiciante pierde una parte de la ganancia de la franquicia, que será suya si operase con unidades propias.

El franquiciante asume riesgos de litigios que pueden ser sumamente costosos. Estos problemas se diluyen cuando la franquicia ha sido bien diseñada.

3. Desventajas del Franquiciado:

Se establece el precio del producto o servicio, y muchas veces el volumen de los productos a comercializar.

Estos contratos limitan mucho las oportunidades para iniciativas individuales o propias del franquiciado.

Mantienen un socio no deseado, mientras dure la franquicia.

El crecimiento de la actividad comercial se encuentra limitado por las condiciones presentadas en el contrato celebrado.

Hay una menor flexibilidad para transferir, vender o cerrar el negocio. En efecto el franquiciante es quien autoriza la transferencia de la unidad franquiciada y, en el caso de querer cerrarlo, el franquiciado debe pagar generalmente una pena pecuniaria significativa, cuando haya sido convenida en el contrato, como es usual.

Capítulo IX

FRANQUICIABILIDAD

Los elementos para diagnosticar la franquiciabilidad de un negocio.

Es muy importante establecer los criterios mínimos, que deben de tomar en cuenta los franquiciadores, para determinar si un negocio es franquiciable. Dichos criterios, nos ayudarán a adentrarnos al mercado de franquicias, con la seguridad de seguir adelante, a pesar de los retos y dificultades que pudieran existir en dichos mercados.

Criterios mínimos y elementales que determinan la franquiciabilidad exitosa de un concepto:

No podemos concebir de un concepto sea susceptible de franquicia, si el nombre con las marcas que lo distinguen no están debidamente protegidos por una parte, o cualquier otro medio legal previsto en la legislación, y además, la importancia que reviste el que la marca del franquiciante tenga reconocimientos del público dentro del mercado.

Tampoco han sido exitosos los conceptos de franquicias, que permitan a sus franquiciados márgenes operativos que no puedan compararse con los estándares de la industria.

Han sido y seguirán siendo franquiciables, solamente aquellos negocios cuyo producto o servicio, satisfaga una necesidad real del mercado en el que pretendan desarrollarse. Es decir, que aporten un valor agregado al mercado, y que sea apreciado por el consumidor de ese mercado. No puede haber posibilidades de éxito cuando una empresa decide lanzar una franquicia sin la experiencia y la antigüedad debidas.

En las franquicias, muy a diferencia de la licencia de marcas y de los contratos de distribución, el franquiciante debe vivir por y para el franquiciado. La teoría indica que todo debe girar en torno al franquiciado; la asesoría, el apoyo logístico y operativo, los insumos, los proveedores, etc.

Las características que debe buscar un franquiciante en un franquiciado

Con respecto a la experiencia de los franquiciados maestros en los últimos años, casi siempre que ha habido éxito, se ha podido percibir que el franquiciado maestro reúne la mayoría, si no todas, de las características elementales que debe tener un franquiciante para el desarrollo de su concepto en un país extranjero:

- Conocimiento del mercado local.

- Conocimiento del segmento de mercado que interesa a la franquicia.
- Actitud flexible.
- Recursos económicos necesarios.
- Recursos administrativos necesarios.
- Capacidad de comunicarse adecuadamente con su franquiciante.
- Experiencia de negocios en el país del franquiciante.
- Conocimientos del mercado inmobiliario de su país.
- Habilidad para ayudar en la selección de los posibles proveedores del sistema.
- Buenas relaciones y experiencia en el trato con los funcionarios de gobierno del país al que ingresa la franquicia.

Cuando el franquiciante multinacional, esto es, el que intenta penetrar en un mercado extranjero, omite seleccionar a su franquiciado extranjero a la luz de los criterios comentados, y se guía únicamente por el económico (situación que desafortunadamente es generalizada), las posibilidades de fracaso son muy altas.

Como conclusión, para aquellos empresarios que estén considerando franquiciar su negocio; tendrán que considerar que las franquicias son una solución de mercado a un problema de mercado. Por lo tanto, a todas luces es inadecuado, utilizar a las franquicias como una solución a problemas que son meramente de índole financiero.

Prácticas y Estrategias para una Red de Franquicias

Vamos a ver; después de muchas horas de trabajo, ya diseñó el modelo de franquicias de su concepto. Redactó los manuales de operación, calculo las cuotas que cobrarás, y tal vez incluso ya otorgó las primeras unidades franquiciadas.

Pero la tarea no ha terminado hasta ahí; ahora su nuevo reto es crecer.Y es que uno de los parámetros que los especialistas utilizan para medir el éxito de una franquicia, es el crecimiento que tiene en el país que opera, es decir, el total de puntos de venta que conforman toda su red de sucursales.

No será fácil: de acuerdo con un comparativo entre las redes de franquicias de Estados Unidos y México, realizado por la consultora Feher & Feher, sólo el 8% de las franquicias en México están en etapa de consolidación, es decir, supera las 75 unidades – contra un 41% en Estados Unidos –.Pero como explica Ferenz Feher, director general de esta firma; una franquicia exitosa no la determina sólo el número de unidades, sino su modelo de negocios, pues más allá de las cifras, éstas tienen capacidad de adaptación y entendimiento del mercado; son democráticas, escuchan a sus franquiciatarios y diseñan soluciones específicas a sus necesidades; además de que cuentan con una infraestructura y tecnología que les permite soportar a su red y brindar la asistencia técnica suficiente. “La clave es crecer conforme tu capacidad te lo permita para no perder el control y mantener la calidad, abasto, servicio y atención al franquiciante", asegura.

¿Quieres tener un negocio exitoso? Toma nota de las prácticas y estrategias que han implementado las grandes marcas – que suman más de un centenar de unidades – para ubicarse en el top del sector de franquicias mexicano y que te ayudarán a obtener resultados positivos en toda tu red, sin importar su tamaño.

1. Selección del franquiciatario u operador

No todos los inversionistas son adecuados para un negocio específico. Por eso, filtrar candidatos por medio de la edad, género, nivel de experiencia y conocimientos profesionales, ayuda a las marcas a elegir a la persona ideal para que participe en su red.

Por ejemplo, la empresa de origen japonés Kumon, que ofrece un programa de educación extraescolar en matemáticas, y suman ya 318 unidades en Mexico, precisa que sus solicitantes sean mujeres con formación profesional y disponibilidad de tiempo, que cuenten con un local comercial, y que se involucren en la operación, pues ellas se encargan de proporcionar la metodología.

Por su parte, la compañía de bienes raíces Century 21 México, con más de 122 unidades, se centra en la parte profesional, al exigir que los dueños de sus franquicias sean socios activos de la Asociación Mexicana de Profesionales Inmobiliarios (AMPI), que tengan experiencia en negocios, carácter emprendedor, ética, facilidad de comunicación y capacidad de gestión, entre otros requisitos.

2. Supervisión de unidades

Tener el control de cada sucursal es clave para mantener un ritmo de crecimiento sano, que asegure el éxito de las unidades.

Para Julio Beleki, socio fundador de Beleki Donitas, empresa dedicada a la elaboración de donitas y café, con más de 150 franquicias en México y cinco más otorgadas en Guatemala, "la mejor manera de supervisar cada unidad, es a través de una estrecha comunicación con cada franquiciatario, para trabajar en conjunto una solución a cada situación que se presente".

De igual manera The Italian Coffee Company, cafetería con más de 375 unidades, mantiene un estricto control de calidad en cuanto a la imagen de sus tiendas, y los productos que se venden en éstas, con supervisores que visitan las tiendas regularmente.

3. Promoción de marca y uso de redes sociales

"Tun-tun-tún-tun, Steren". Si leíste la frase escuchando en tu cabeza el jingle de esta compañía de electrónica mexicana, es porque ésta ha hecho bien el trabajo de posicionar su marca en la mente del consumidor mexicano.

Y es que si las empresas no dan a conocer su oferta de valor y son relevantes frente a los consumidores, podrían pasar desapercibidas e incluso, ser invisibles.

Ángel Aedo, director de mercadotecnia de Steren, explica que una de sus estrategias para atraer clientes es utilizar el humor como elemento de comunicación. Por ejemplo, en radio y televisión, presentan historias graciosas e ingeniosas de cómo sus productos (venden más de 4,000 categorías) solucionan la vida. "Los mexicanos tienen humor en las buenas y las malas, es lo que buscamos reproducir. Así, la gente nos siente parte de ellos".

La página Web, con más de 1 millón de visitas al mes y tienda en línea, y sus redes sociales, son otros de sus canales importantes. "Quienes no hacen publicidad, o la ven como un gasto y no como una inversión, a la larga la pagan", advierte Aedo. Y es que para el corporativo, la promoción de la marca es un eslabón fuerte para el crecimiento no sólo de su base de clientes, sino también de su red de franquicias, que hoy suma más de 367 tiendas en México y tiene presencia en Colombia, República Dominicana, Guatemala y próximamente en Costa Rica.

4. Nuevos productos o servicios

Las empresas que deseen mantener a sus clientes, y seguir cautivando a nuevos, deben innovar en todos los sentidos. Por ejemplo, con el lanzamiento de productos y con distintos canales de comercialización.

Hawaiian Paradise, que empezó vendiendo raspados de frutas naturales, actualmente cuenta con 823 puntos de venta, en los que oferta productos para cualquier época del año, e incorporó a su oferta café gourmet y crepas. También ofrece a sus franquiciatarios diferentes modelos de negocios que se adecuen a sus necesidades: local, móvil o módulo en centros comerciales.

Otra franquicia que ha innovado en sus productos es Farmacias del Ahorro. La cadena introdujo al mercado medicamentos de marca propia, para ofrecer a sus clientes una alternativa más económica, con el respaldo de una compañía reconocida a nivel nacional, y hoy suma más de 1,200 sucursales.

5. Tropicalización

Esta estrategia adapta un producto o servicio, a las necesidades culturales de los consumidores de una región. Hacer un análisis profundo del mercado al que se quiere entrar, puede ser la diferencia entre el éxito o el fracaso.

La cadena de restaurantes Sushi Itto, con 120 unidades en México, por ejemplo, adaptó los platillos típicos de Japón al paladar de los mexicanos. Paolo Pagnozzi, su director general, explica que las recetas surgieron al agregar ciertos ingredientes –que buscaban los comensales– a platillos tradicionales, para lograr una fusión culinaria que ha traspasado fronteras.

Otra empresa que ha sabido aprovechar el gusto de sus consumidores locales es la estadounidense Subway. Con más de 758 unidades en México, el restaurante especializado en sándwiches incluye en su menú opciones picantes, ensaladas y aderezos especializados.

6. Ubicación de unidades

El éxito de una franquicia, las ventas y el número de clientes se relacionan directamente con la ubicación geográfica del negocio; de ahí la importancia de encontrar el local ideal. En este sentido, Vellísimo Center tiene buen olfato para detectar buenas ubicaciones incluso a nivel internacional. Pablo Rossi, su director de franquicias, explica que el corporativo español tenía en la mira a Colombia, Venezuela, Brasil y México para franquiciar en el extranjero. "Elegimos a éste último por su posición estratégica, su nivel poblacional y por ser uno de los países que más invierten en belleza". Y no se equivocaron: aunque en su primer año en México (2010) estimaban colocar 10 unidades, se abrieron 100, muchas adquiridas por sus mismos clientes que se enamoraban del concepto.Hoy, la marca suma más de 177 locales distribuidos en todo el país, principalmente en centros y plazas comerciales. "No somos gurús. Las grandes inmobiliarias hacen estudios más robustos para saber dónde ubicarse, así que utilizamos ese conocimiento a nuestro favor", explica Rossi. Para sus locales a pie de calle, el corporativo aplica estudios de geomarketing y datos poblacionales, además de que destinan tiempo para visitar y evaluar la zona, conocer la calle y platicar con los demás dueños de negocios para saber si les conviene ubicarse ahí.

7. Centros de control regionales y red de distribución

La estandarización en las franquicias garantiza que, sin importar dónde se encuentre la sucursal de la marca, el sabor o calidad de sus productos será el mismo. Para asegurar que este principio se cumpla, las grandes cadenas buscan ubicar centros de control estratégicos para supervisar a cada una de sus sucursales, y brindar asistencia cuando sea necesaria.

Suspiros Pastelerías, que opera 163 unidades en los estados del norte de la República, busca brindar asesoría y capacitación, así como recetas exclusivas, para que cada unidad produzca productos estandarizados y con el sabor característico de la marca.

Por otro lado, Farmacias GI abastece a sus más de 1,610 puntos de venta gracias a su cadena de distribución a nivel nacional, y a una red de logística bien armada, elementos clave cuando se manejan inventarios tan grandes como los de esta empresa.

8. Uso de la tecnología

La evolución de los dispositivos y herramientas ha transformado la manera de hacer negocios, administrarlos y crecerlos, al grado que ahora es posible monitorear la operación de cada sucursal en tiempo real con ayuda de software especializado y gadgets móviles. Un ejemplo es la casa de préstamos prendarios Prendamex, que opera más de 766 unidades a nivel nacional y ha logrado llegar a otros países. Gracias a la tecnología, sus franquiciatarios administran sus tiendas desde casa, al monitorearlas de manera remota con circuito cerrado, y accediendo al sistema central para revisar las operaciones.

De igual manera, el club de compras por Internet Unibox logró abrir 103 franquicias.

9. Capacitación del franquiciatario y empleados

Como una extensión del negocio original, todas las unidades franquiciadas deben trabajar bajo los mismos estatutos para homogeneizar sus resultados. Y si se desea lograrlo, es fundamental capacitar al franquiciatario y a los empleados. Así lo entiende Fraiche, experta en la preparación, distribución y comercialización de productos de perfumería fina y ciudado personal, con más de 449 unidades en todo el país. Según explica Sandra Chávez, su gerente de Capacitación, durante cinco días el personal de las nuevas tiendas se capacita para conocer desde la misión, valores y cultura organizacional, hasta la administración, operación, procesos, y conocimiento de los productos. Pero ahí no termina el entrenamiento. Aprendida la teoría, experimentan durante tres días cómo es el día a día del negocio en una tienda-escuela con personal que asesora a los nuevos integrantes. "Les enseñamos cómo se crea un perfume, cuáles son las notas olfativas y qué materias primas usamos, para que todo el personal sepa orientar y atender a los clientes, mostrar los beneficios de las esencias y dar tips sobre su uso", explica. En 2013, la empresa desarrolló también la capacitación según la detección de necesidades, en la que por medio de un cuestionario que aplican a los franquiciatarios, identifican las dudas que tienen o las temáticas que necesitan actualizar.

10. Comercialización

Para Diego Argiró, director general de la tienda de franquicias Franchise Store, la planeación es clave para definir las metas y estrategias de una empresa. "La comercialización es una herramienta que se debe aprovechar para crecer de acuerdo a los objetivos planteados por la marca", asegura. Una compañía que ha entendido esto es Tintorerías Max, la cual opera más de 211 sucursales en México. "El proceso de crecimiento debe de ser tan cuidadoso como el de desarrollo. Siempre existe el riesgo de crecer en un volumen superior a las capacidades, por eso nosotros establecemos el número de unidades que podemos abrir en un período y no lo rebasamos", asegura Raúl Jiménez, su director.

Por otro lado, la empresa de paquetería y envíos Pakmail, logró llegar a las 170 sucursales, gracias a una estrategia que mantiene el equilibrio entre su capacidad y las necesidades de sus franquiciatarios.

Minoristas independientes y franquicias.

Casi todas las organizaciones de venta al por menor, pueden clasificarse como independientes, como una cadena corporativa o como una franquicia. El independiente es el tipo más común de propiedad; sin embargo, representa sólo una cuarta parte de las ventas.

Una firma minorista independiente es una distribución minorista poseída y operada independientemente y sin afiliación. Muchos minoristas independientes, sin embargo, desean algunas de las ventajas de que disfruta una cadena. Por ejemplo, asistencia en el desarrollo de publicidad efectiva y planes de promoción de ventas, y ayuda en el diseño de sistemas de contabilidad y de sistemas de registro y control. Pero para obtener estas ventajas, los minoristas independientes tendrán que entregar algo de su independencia.

Capítulo X

LA FRANQUICIA EN MEXICO

A. Antecedentes

La historia de las franquicias en México inicia en el año 1985 con la llegada de las primeras franquicias: McDonald´s, KFC, Bing y Howard Johnson.

McDonald´s abrió las puertas de su primer restaurante en la zona de Perisur, trayendo a nuestro país innovaciones en el concepto de negocios tradicional como la contratación por hora, mercadotecnia agresiva y un producto con un alto nivel de estandarización.

Hacia finales de los años 80 otras marcas se aventuraron a entrar a México. Tal fue el caso de Domino´s Pizza y Howard Johnson, quienes utilizaron un modelo diferente al de McDonald´s para su ingreso al país. En el caso de esta última, la empresa estableció, junto con socios mexicanos, una oficina propia en nuestro país. Las otras dos marcas entraron en base a contratos de Franquicia Maestra, es decir, un grupo mexicano adquirió los derechos exclusivos de comercializar las marcas en México.

Como dijimos, el primer caso que se conoce de una Franquicia en México, es el de la famosa hamburguesa Mc Donalds, la cual se ubicaba en el Pedregal, y tal fue el éxito de esta primer franquicia que superó cualquier expectativa de los analistas, las calles de periférico se vieron con tráfico extremo, tanto en la parte que iba de sur a norte como de norte a sur, esta fue la gran bienvenida no solo a Mc Donalds, sino a las Franquicias que siguieron como Kentucky Fried Chicken y los hoteles Howard Johnson, los cuales también su primera incursión fue de gran éxito.

Las primeras Franquicias mexicanas que surgieron fueron Hawaiian Paradise, proveniente de Durango en 1993 y Michel Domit en 1980, MakFreeze en 1991. Hoy en día aproximadamente el 88% de las Franquicias actuales son cien por ciento mexicanas, y algunas como Taco Inn, están incursionando en el mercado Chino, introduciendo comida rápida típica mexicana.

A principios de 1989 ante la necesidad de dar una formalidad a un esquema de negocios que aún no era legislado pero cada vez se hacía más común, un grupo de empresarios funda la Asociación Mexicana de Franquicias, con el firme propósito de dar un impulso a este modelo comercial y promover la correcta regulación del mismo.

B. Legislación:

El término franquicia en México es relativamente joven. La franquicia existe como figura legal en México desde 1991, pero es hasta diciembre de 1994, en que se aprueba la primera legislación que regula los elementos que debe de reunir una empresa, para convertirse en una franquicia.

En México, hemos adoptado la palabra "franquicia", para referirnos a un modelo de negocio que ha sido fundamentado en la ley de Propiedad Industrial, en el artículo 142, y del cual se deduce que: La franquicia es una técnica de desarrollo que permite a una empresa, la franquiciante, dar en licencia un conjunto de derechos de propiedad industrial o intelectual relativos a marcas, nombres comerciales, enseñas comerciales, modelos de utilidad, diseños, derechos de autor, Know How, a una tercera persona, sea natural o jurídica, con el objeto de obtener rendimientos económicos de la reventa de productos o la prestación de servicios a usuarios finales.

Posemos generalizar diciendo que la franquicia es una estrategia de crecimiento a través de terceros, que:

- Implica al menos una licencia de uso de marca.
- Existe una transferencia de conocimiento (know-how).

- Implica la operación de una o varias unidades con la misma imagen y calidad en productos y/o servicios.

Veamos lo que dice la Ley en México.

LEY DE LA PROPIEDAD INDUSTRIAL

Publicada en el Diario Oficial de la Federación el 27 de junio de 1991, texto vigente con última reforma publicada el 9 de abril de 2012

Artículo 142.- *Existirá franquicia, cuando con la licencia de uso de una marca, otorgada por escrito, se transmitan conocimientos técnicos o se proporcione asistencia técnica, para que la persona a quien se le concede pueda producir o vender bienes o prestar servicios de manera uniforme y con los métodos operativos, comerciales y administrativos establecidos por el titular de la marca, tendientes a mantener la calidad, prestigio e imagen de los productos o servicios a los que ésta distingue.*

Quien conceda una franquicia deberá proporcionar a quien se la pretenda conceder, por lo menos con treinta días previos a la celebración del contrato respectivo, la información relativa sobre el estado que guarda su empresa, en los términos que establezca el reglamento de esta Ley.

La falta de veracidad en la información a que se refiere el párrafo anterior dará derecho al franquiciatario, además de exigir la nulidad del contrato, a demandar el pago de los daños y perjuicios que se le hayan ocasionado por el incumplimiento. Este derecho podrá ejercerlo el franquiciatario durante un año a partir de la celebración del contrato.

Después de transcurrido este plazo solo tendrá derecho a demandar la nulidad del contrato.

Para la inscripción de la franquicia serán aplicables las disposiciones de este capítulo.

Artículo reformado DOF 25-01-2006

Artículo 142 Bis.- *El contrato de franquicia deberá constar por escrito y deberá contener, cuando menos, los siguientes requisitos:*

I. *La zona geográfica en la que el franquiciatario ejercerá las actividades objeto del contrato;*

II. *La ubicación, dimensión mínima y características de las inversiones en infraestructura, respecto del establecimiento en el cual el franquiciatario ejercerá las actividades derivadas de la materia del contrato;*

III. *Las políticas de inventarios, mercadotecnia y publicidad, así como las disposiciones relativas al suministro de mercancías y contratación con proveedores, en el caso de que sean aplicables;*

IV. *Las políticas, procedimientos y plazos relativos a los reembolsos, financiamientos y demás contraprestaciones a cargo de las partes en los términos convenidos en el contrato;*

V. *Los criterios y métodos aplicables a la determinación de los márgenes de utilidad y/o comisiones de los franquiciatarios;*

VI. *Las características de la capacitación técnica y operativa del personal del franquiciatario, así como el método o la forma en que el franquiciante otorgará asistencia técnica;*

VII. *Los criterios, métodos y procedimientos de supervisión, información, evaluación y calificación del desempeño, así como la calidad de los servicios a cargo del franquiciante y del franquiciatario;*

VIII. *Establecer los términos y condiciones para subfranquiciar, en caso de que las partes así lo convengan;*

IX. *Las causales para la terminación del contrato de franquicia;*

X. *Los supuestos bajo los cuales podrán revisarse y, en su caso, modificarse de común acuerdo los términos o condiciones relativos al contrato de franquicia;*

XI. *No existirá obligación del franquiciatario de enajenar sus activos al franquiciante o a quien éste designe al término del contrato, salvo pacto en contrario, y*

XII. *No existirá obligación del franquiciatario de enajenar o transmitir al franquiciante en ningún momento, las acciones de su sociedad o hacerlo socio de la misma, salvo pacto en contrario.*

Este artículo se sujetará, en lo conducente, a lo dispuesto en el Reglamento de la presente Ley.

Artículo adicionado DOF 25-01-2006

Artículo 142 Bis 1.- *El franquiciante podrá tener injerencia en la organización y funcionamiento del franquiciatario, únicamente para garantizar la observancia de los estándares de administración y de imagen de la franquicia conforme a lo establecido en el contrato.*

No se considerará que el franquiciante tenga injerencia en casos de fusión, escisión, transformación, modificación de estatutos, transmisión o gravamen de partes sociales o acciones del franquiciatario, cuando con ello se modifiquen las características personales del franquiciatario que hayan sido previstas en el contrato respectivo como determinante de la voluntad del franquiciante para la celebración del contrato con dicho franquiciatario.

Artículo adicionado DOF 25-01-2006

Artículo 142 Bis 2.- *El franquiciatario deberá guardar durante la vigencia del contrato y, una vez terminado éste, la confidencialidad sobre la información que tenga dicho carácter o de la que haya tenido conocimiento y que sean propiedad del franquiciante, así como de las operaciones y actividades celebradas al amparo del contrato.*

Artículo adicionado DOF 25-01-2006

Artículo 142 Bis 3.- *El franquiciante y el franquiciatario no podrán dar por terminado o rescindido unilateralmente el contrato, salvo que el mismo se haya pactado por tiempo indefinido, o bien, exista una causa justa para ello. Para que el franquiciatario o el franquiciante puedan dar por terminado anticipadamente el contrato, ya sea que esto suceda por mutuo acuerdo o por rescisión, deberán ajustarse a las causas y procedimientos convenidos en el contrato.*

En caso de las violaciones a lo dispuesto en el párrafo precedente, la terminación anticipada que hagan el franquiciante o franquiciatario dará lugar al pago de las penas convencionales que hubieran pactado en el contrato, o en su lugar a las indemnizaciones por los daños y perjuicios causados.

Artículo adicionado DOF 25-01-2006

COMENTARIOS AL ARTÍCULO 142 DE LA LEY DE LA PROPIEDAD INDUSTRIAL

Las reformas a la Ley de la Propiedad Industrial que entraron en vigor en enero de 2006, han introducido las características esenciales del contrato de Franquicia en México, hasta antes de esta fecha, el Contrato de Franquicia se consideraba atípico e innominado, pues la Ley en México no consideraba este contrato. Autores mexicanos como Sánchez Medal, lo consideraron hasta un contrato consensual, lo cual como ellos mismos lo explican daba lugar a cierta incertidumbre jurídica.

El Diccionario Jurídico Mexicano del Instituto de Investigaciones Jurídicas de la UNAM, en esas fechas aún no introducía ni siquiera el concepto de Franquicia a que se refiere la Ley de la Propiedad Industrial, sin embargo las nuevas reformas antes mencionadas, han introducido la característica de que el contrato deberá ser celebrado por escrito y describe los elementos básicos del contrato en su artículo 142 BIS, y que son los siguientes:

Elementos esenciales del Contrato de Franquicia:

1. Zona geográfica en que se establecerá el Franquiciatario;
2. Características de las inversiones que deberá hacer el Franquiciatario;
3. Políticas de inventarios, mercadotecnia y publicidad;
4. Plazos de reembolsos y financiamientos entre otros;
5. Criterios para determinar márgenes de utilidades;
6. Características de capacitación técnica y operativa;
7. Criterios de supervisión;
8. Causales de terminación del Contrato de Franquicia, y;
9. Casos en que se podrá modificar el Contrato de Franquicia.

Anexos del Contrato.

El Contrato de Franquicia puede contener tantos anexos sean necesarios tales como:

1. Licencia de Uso de Marca;
2. Contrato de Suministro;
3. Contrato de Distribución;
4. Contrato de Confidencialidad, etc.

Los anexos forman parte del mismo Contrato.

En el caso de Franquicias Extranjeras es fundamental, que no solo el Contrato de Franquicia, sino que todos los instrumentos legales se adapten a las Leyes y Reglamentos de la República Mexicana, ya que la Legislación extranjera no aplica de la misma manera en México y, se tienen que prever todos y cada uno de los detalles legales para tener el mismo o similar efecto que en el extranjero.

Las Franquicias en México, si bien están reguladas de manera particular por los Artículos 142, 142 bis, 142 bis 1, 142 bis 2 y 142 bis 3, de la Ley de la Propiedad Industrial, no son las únicas disposiciones jurídicas que le aplican, pues en principio, estos artículos establecen la definición de Franquicia y aspectos básicos, sin embargo hay otras Leyes que también le son aplicables; y son las siguientes: Constitución Política de los Estados Unidos Mexicanos; Código Civil Federal y Local; Ley General de Sociedades Mercantiles; Ley Federal del Trabajo; Ley de Competencia Económica y Leyes Especiales.

Considero que la franquicia no tiene en México una regulación, como debería de tenerla. Estamos hablando de un sector comercial que mueve en México millones y millones de pesos, el otro día la Asociación Mexicana de Franquicias publicaba los datos, que han cerrado el 2012 con una facturación en franquicias de más de 25 mil millones de pesos; estamos hablando de un sistema de comercio, que mueve mucho dinero, que da mucho empleo y no tiene una legislación especial.

Se describe todo este sistema comercial de franquicias en un solo artículo, el artículo el 142 de la Ley de la Propiedad Industrial, donde en su primer párrafo nos define la actividad de franquicia como ya lo vimos.

El segundo y tercer párrafo del artículo 142, nos habla de obligaciones pre-contractuales. Nos dice que con una antelación de treinta días, el franquiciador debe entregarle al franquiciado, una serie de información relativa sobre el estado que guarda su empresa, que es obligatoria, para que el franquiciado pueda tomar la decisión de incorporarse o no a la cadena de franquicias con un conocimiento más de causa.

¿Qué información le tiene que dar? Datos de la propia empresa, quienes son los administradores, el tiempo que lleva operando, cuantos establecimientos franquiciados tiene abiertos al público, el estado de la competencia, ese es un dato muy importante, el estado de cómo está el propio sector, si él es el titular de la marca, y darle las condiciones generales que va a firmar en el contrato de franquicia.

Ni la Ley ni el Reglamento obligan a entregar el contrato con antelación, lo que si te dicen es que tienes que informar al franquiciador, algunas cosas como: mira tú vas a tener este canon de entrada; vas a tener que pagar estos royaltis; el contrato va a tener esta duración; etcétera. En si, las condiciones generales. Como la ley no lo obliga a entregar el contrato, pueden imaginarse que el contrato de franquicia no se entrega nunca. Y quiero pensar que la gente cumple con esta obligación, pero la experiencia nos dice que en todos los casos esta información se entrega al mismo tiempo que se entrega el contrato.

Inscripción. La Ley nos dice que las empresas, tanto extranjeras como Mexicanas, que quieran desarrollar la actividad de franquicia en México, tiene que inscribirse en un registro, que ya se ha creado hace algunos años, y hay un registro estatal y uno federal.

Este artículo que indica, que deberán de informar antes de tres meses de haber iniciado operaciones comerciales, y registrarse en el registro de franquiciadores. Con las reformas a variado la obligación que no es previa sino posterior, pero que es igualmente obligatoria, a mí me parece que todavía hay empresas que no están inscritas en el registro de franquiciadores.

Porque a nosotros, si nos llega un cliente que nos dice que quiere comprar una franquicia de un negocio que casi no hay aquí, lo primero que debemos hacer es revisar en el registro de franquiciadores, se puede hacer por internet y es gratuito, ahí nos enteramos si la empresa es una empresa seria y si está inscrita en el registro; ya sería una mala carta de presentación que no esté inscrita ahí. En el Registro Mercantil se pueden revisar las cuentas anuales. Son las cosas mínimas que debe hacer alguien, antes de adentrarse más con la central franquiciadora.

El reglamento de franquicias nos indica, que todos los años, se debe comunicar, al registro de franquiciadores, las variaciones que haya habido en la empresa. Informando por ejemplo: Mire he incorporado tres nuevos franquiciados, he cerrado dos, he cambiado de domicilio, me he sometido a la solución de conflictos a través del arbitraje; es decir aquellas cuestiones que se deben inscribir en el registro.

La consecuencia de no cumplir una obligación tiene consecuencias gravísimas. Si no te inscribes te pueden poner una sanción económica, pero si estas inscrito, y luego no cumples todos los años, con actualizar tu datos, movimientos, te puedes encontrar con el problema de que si te requieren, y no atiendes ese requerimiento, te multarán, borran del registro y te impiden el ejercicio de la actividad. Bueno aquí como que ya no sabes que conviene más, si estás trabajando y no te has registrado y te encuentran, pagas una multa y continúas y cumples y te registras. Y lo otro si ya estas registrado y no cumples con los avisos anuales, te pueden impedir continuar con la actividad. A mi me parece un poco exagerado.

Los contratos de franquicia en la práctica no se negocian, es un contrato de adhesión, no se negocia nada, el negocio es al principio cuando te van dando todas las condiciones y, si estas de acuerdo y si las aceptas de antemano, cuando te dan el contrato y lo firmas. Hay muchas empresas, incluso franquiciadoras conocidas, que incluso firman el contrato casi, casi el día de la inauguración. Incluso hay casos en que tu has invertido un montón de dinero en la adecuación de local, ya has pagado, parte del canon de entrada, etcétera, y vas a firmar un contrato como de ochenta o cien páginas y pues quien va a discutir algo, si ni leerlo puedes en el momento, hay quien ni lo lee. Y después vienen los problemas.

Capítulo XI

CLÁUSULAS DE LOS CONTRATOS DE FRANQUICIA

Los contratos de franquicia deben de tener como mínimo las cláusulas de:

1. TRANSMISIÓN DEL KNOW-HOW, Y TRANSMISIÓN DE LOS DERECHOS DE PROPIEDAD INDUSTRIAL
2. EXCLUSIVIDAD
3. CONFIDENCIALIDAD
4. PUBLICIDAD Y PROMOCIÓN
5. CONTROL Y VIGILANCIA
6. RESPONSABILIDAD
7. PRECIO Y PAGOS
8. SUMINISTRO
9. DURACIÓN
10. TERMINACIÓN DEL CONTRATO
11. SOLUCIÓN DE CONFLICTOS
12. JURISDICCIÓN APLICABLE
13. IDIOMA DEL CONTRATO
14. MANTENIMIENTO DEL EQUILIBRIO ECONÓMICO DEL CONTRATO

15. TRAINING
16. GARANTÍA
17. ABASTECIMIENTO
18. VENTAS
19. NO COMPETENCIA

¿Se puede negociar un contrato de franquicia?.

No es fácil responder a esa pregunta. En principio todos los contratos son negociables, pero en materia de franquicias hemos de partir de la base de que cada franquiciador, al menos los que están bien organizados, ha elaborado un modelo estándar de contrato, normalmente con anterioridad a la puesta en marcha de su negocio de franquicias. Este modelo suele ser mejorado, obviamente si cuenta con un equipo jurídico adecuado, a medida que va desarrollando el negocio, añadiendo nuevas cláusulas, resolviendo los problemas que los otros contratos han planteado, aprovechando la experiencia de los problemas que hayan podido tener con franquiciados, o simplemente recogiendo sugerencias de otros franquiciadores e incluso de franquiciados. El contrato se ha transformado en un contrato de adhesión y la posibilidad de modificación del mismo es escasa.

Es claro que así podemos encontrar tres tipos de franquiciadores, en cuanto a la posibilidad de negociar con ellos el contrato. Y son:

1.- Franquiciador novel: ha elaborado su negocio de franquicia hace poco tiempo y comienza su andadura vendiendo franquicias. Se puede decir que este es el franquiciador mas asequible para un posible franquiciado, ya que, a pesar de haber obtenido el asesoramiento de un despacho de abogados, le falta la experiencia y además suele estar ansioso en poder vender su franquicia. Obviamente suele ser más asequible a la negociación e, incluso, puede ceder en cláusulas que cuando ya se haya consolidado nunca cederá.

2.- Franquiciador experimentado: después de un proceso de implantación ya ha conseguido una pequeña (o grande) cuota de mercado y está en mejores condiciones de ofrecer su franquicia. Es claro que su posición negociadora varía e incluso se permite seleccionar al candidato. Las condiciones de su contrato son mas difíciles de alterar y la negociación mas dura. Este franquiciador permite menos concesiones.

3.- Franquicia consolidada o gran franquicia: aquí la negociación es clara: lo firmas o lo dejas.

4.- Franquiciadores extranjeros: suelen estar muy consolidados en sus países, y estar asesorados (sobre todo los británicos y los americanos), por importantes despachos de abogados que no permiten casi ninguna modificación en su contrato de franquicia hasta tal punto que, incluso cuando me encargan que analice el contrato y compruebe su adecuación a la legislación local (del País donde se establecerá la franquicia), me rechazan la mayoría de las modificaciones que propongo.

Partiendo de la base de que hay algunos contratos (pocos), que sí se pueden negociar, voy a explicar que cláusulas conviene examinar, y el enfoque que desde el punto de vista del franquiciador o desde el franquiciado es mas conveniente.

A la hora de iniciar un proceso negociador, a fin de celebrar un contrato de franquicia, es necesario tener en cuenta todas y cada una de las cláusulas que integrarán el contenido del referido contrato, para así conseguir la firma del negocio en las más óptimas condiciones. Las cláusulas son las siguientes:

Primera Clausula.- Cláusulas sobre la **TRANSMISIÓN DEL KNOW - HOW Y LA TRANSMISIÓN DE LOS DERECHOS DE PROPIEDAD INDUSTRIAL E INTELECTUAL**

La transmisión del know - how, marcas, símbolos, nombres, enseñas y demás derechos de propiedad industrial, ha sido considerada como la piedra angular sobre la que se sostiene el sistema de franquicias. Por lo tanto, a la hora de negociar un contrato de franquicia se debe de realizar una descripción detallada del sistema que se contrata, y que incluye el know - how, marcas, símbolos, derechos de autor, imagen corporativa y good - will.

En este sentido, las obligaciones que deberán recogerse en esta cláusula son las siguientes:

➢ Para el franquiciador, deberá:

• Posibilitar al franquiciado el uso del know - how.. El franquiciador se obliga mediante el contrato a transmitir un derecho de utilización en positivo, por lo tanto, deberá realizar todo aquello que sea necesario para hacerle posible al franquiciado el ejercicio de ese derecho. El know - how deberá de reunir determinadas condiciones, sin las cuáles, la cosa objeto del contrato padecerá vicios.

• En esta cláusula, el contrato deberá de prever el asesoramiento técnico que el franquiciador tendrá que impartir.

• El franquiciador deberá de aportar la marca de los productos o el servicio, el emblema o la enseña, sus signos distintivos y demás derechos de propiedad industrial: Marcas (De productos y De servicios) . Nombre Comercial. Patentes.

Por lo tanto el franquiciador deberá autorizar el uso por

parte del franquiciado de los derechos de propiedad industrial que detente. En este sentido, dicha cláusula deberá reflejar si el franquiciado ha obtenido el derecho a operar directamente la franquicia, o si también ha adquirido el derecho a cederla parcialmente a sub-franquiciados.

➢ El franquiciado deberá por su parte:

• Usar los derechos de propiedad industrial de forma adecuada, con el objeto de proyectar una misma imagen corporativa y de informar al franquiciador acerca de las usurpaciones que sobre los mismos se puedan producir, en orden a ejercer las acciones legales que como titular le correspondan.

• Reconocer la validez, la propiedad de las marcas y nombres comerciales del franquiciador. Esto implica que deberá de hacer uso del derecho de utilización que se le transmite, con absoluta sumisión a las instrucciones recibidas.

• Obligación de ejercicio del know - how, en orden a conseguir una imagen y un posicionamiento en el mercado.

• Obligación de mantener el good - will y la imagen corporativa, así como de cumplir con estándares de calidad y todas las demás directrices y técnicas que hayan sido definidas por el franquiciador.

El franquiciado debe dedicar sus mejores esfuerzos al crecimiento de su negocio de franquicia y a la conservación de la identidad y la reputación común de la red de la franquicia.

Ambas partes deberán actuar de forma equitativa en sus relaciones mutuas:

El franquiciador deberá comunicar por escrito a sus franquiciados individuales cualquier infracción del contrato y, cuando proceda, concederá un plazo razonable para solucionar un eventual incumplimiento. Las partes deberían resolver, de buena fe y con buena voluntad, sus quejas, litigios y disputas, mediante la comunicación y la negociación directas, leales y razonables.

Segunda Cláusula.- Cláusulas relacionadas con la **EXCLUSIVIDAD**

Las Cláusulas relacionadas con la EXCLUSIVIDAD, constituyen una limitación a la libertad de industria y comercio entre franquiciador y franquiciado, o a uno de éstos, a fin de obtener una mayor utilidad en el desarrollo del contrato.

La exclusividad puede estipularse bien en favor del franquiciador, bien en favor del franquiciado. Si se pacta en favor del franquiciador:

Las obligaciones principales del franquiciado serán las siguientes:. Obligación de tan sólo desarrollar su tarea propia de explotación del negocio, en favor del sistema de franquicias.

Prohibición de desarrollar otra franquicia para cualquier otro empresario, sea competidor de aquél o no. No obstante, esta prohibición podrá ser de forma distinta: ya que el franquiciado podría estar obligado a no promover o explotar los negocios de los competidores de su franquiciador, en la misma zona y en el mismo ramo de actividades para los cuales ha sido concedida la franquicia de que se trata. En algún contrato, se suele pactar la prohibición de sub-franquiciar.

En el supuesto de que se pacte esta cláusula de exclusividad en favor del franquiciado, el franquiciador estará obligado por la:

Prohibición expresa para el franquiciador de otorgar franquicias en un determinado territorio, concediendo su explotación de manera exclusiva a un franquiciado. Como contraprestación, a su vez el franquiciado se compromete a no exceder los límites de ese territorio concedido, pues con ello podría invadir el que se le ha concedido a otro franquiciado o el que se ha reservado al mismo franquiciador.

Tercera Cláusula.- Cláusulas relacionadas con la **CONFIDENCIALIDAD**. Estas cláusulas implican para el franquiciado:

Una obligación de confidencialidad a cargo del franquiciado, respecto de los principios y conocimientos transmitidos.

Una obligación de no revelar a terceras personas, competidores o distribuidores, ninguna clase de conocimientos. El franquiciado debe guardar estricta reserva acerca de los secretos que le han sido transmitidos. Dicha obligación existe durante el término del contrato y se mantiene hasta después de su terminación.

El contrato deberá de reflejar cuál es la información que tiene carácter confidencial, así como debe prever las obligaciones relacionadas con la utilización de dicha información, debiendo especificar las personas que pueden llegar a tener acceso a dicha información. La información confidencial sería aquella acumulada industrial o comercialmente para desarrollar o mejorar la actividad de la empresa, siempre que pueda suministrar ventajas competitivas y beneficios económicos a su poseedor.

Cuarta Cláusula.- Cláusulas relativas a la **PUBLICIDAD y la PROMOCIÓN**

Dicha cláusula está dirigida de forma conjunta a crear y aumentar la clientela del sistema de franquicia. En el contrato es importante que se determine conjuntamente el modo, tiempo y lugar en el cual se va a desarrollar la publicidad y la promoción. Esta obligación acarrea de forma implícita, una labor continua en orden a introducir y mantener en el mercado un producto o un servicio, desplegando para ello una actividad de convencimiento de la clientela. Mediante el ejercicio de la repetida obligación, se contribuye a formar la imagen y el buen nombre del producto o servicio, objeto de la franquicia.

En casi todos los contratos de franquicia se establece un porcentaje sobre la facturación (del 2% al 5%) que percibe el franquiciador como contribución del franquiciado a las labores de publicidad del franquiciador, bien local, regional o nacional.

Una de las quejas que me plantean los franquiciados es precisamente la ausencia de información sobre los gastos de publicidad en que incurre el franquiciador para la difusión de la franquicia.

¿Que fórmulas podemos utilizar como franquiciados para controlar que el dinero destinado a publicidad realmente se gasta en publicidad?. Las únicas que se me ocurren es que el franquiciado exija un detalle minucioso de los planes de medios a realizar por el franquiciador y un detalle de la realidad de los mismos. Algunos franquiciadores pueden caer en la tentación de no gastar ese dinero y destinarlo a otros menesteres. Ese supuesto sería un claro enriquecimiento injusto y el franquiciado podría reclamar las cantidades abonadas injustamente.

Quinta Cláusula.- Cláusulas relativas al **CONTROL y la VIGILANCIA**

Para el buen funcionamiento de la franquicia, el

franquiciador realizará un control y vigilancia de forma permanente sobre el franquiciado, aunque mantendrá siempre su autonomía jurídica y patrimonial.

El franquiciado, en virtud de esta cláusula, tiene las siguientes obligaciones:

Obligación de permitir al franquiciador ejercer la vigilancia de la franquicia.

Así, el franquiciado está obligado a permitir la inspección de sus instalaciones por el franquiciador, en cualquier momento. Además, el franquiciado deberá de suministrar al franquiciador los datos operativos verificables, para poder determinar el funcionamiento de la franquicia y los estados financieros necesarios para orientar una gestión efectiva, y permitir al franquiciador y/o a sus representantes, el acceso a sus locales y a su documentación, a petición del franquiciador y en momentos razonables.

Esta obligación tiene su fundamento en la relación de mutua confianza que implica el contrato de franquicia, y el riesgo que asume el franquiciador al entregar la imagen de sus productos a un franquiciado.

Sexta Cláusula.- Cláusulas de **RESPONSABILIDAD**

Según esta cláusula, en los contratos de franquicia deberán de reflejarse las circunstancias eximentes de responsabilidad. Así, lo aconsejable sería que en el contrato se redacten de manera enunciativa, los eventos eximentes de responsabilidad teniendo en cuenta el carácter imprevisible e irresistible del hecho.

En los contratos de franquicia se deben distinguir las responsabilidades entre las partes y las responsabilidades frente a terceros (consumidores o usuarios).

❖ Responsabilidad entre las partes:

Es posible que las partes incluyan en su contrato las consecuencias de su incumplimiento, estipulando una cláusula penal, que se causará en favor del contratante cumplido.

❖ Responsabilidad frente al comprador del producto o el usuario del servicio:

- Responsabilidad del franquiciado:

Las reclamaciones de los adquirentes finales de los productos vendidos o los prestados en el establecimiento comercial deben ser soportados y atendidos por el franquiciado.

El franquiciado responderá de los daños o problemas causados por la mala calidad, por los vicios o defectos de fabricación de los productos, por la mala atención; y demás problemas de carácter administrativo que puedan presentarse en cualquier negocio.

- Responsabilidad del franquiciador:

En la actualidad el consumidor también tiene concedida la facultad de acudir directamente al fabricante para que atienda los posibles defectos de fabricación de un producto. Sin embargo el consumidor, lo que tiende a hacer es demandar al franquiciado, teniendo después este último la posibilidad de obtener el reembolso del pago por parte del franquiciador.

No obstante, la normativa que regula la protección de los consumidores, establece la posibilidad de dirigir directamente sus pretensiones contra el franquiciador.

El fundamento de la responsabilidad del franquiciador, radica en el control y vigilancia sobre la actividad del franquiciado que el primero realiza aparentemente de acuerdo con los términos del contrato.

Séptima Cláusula.- CLÁUSULAS RELATIVAS AL **PRECIO Y A LOS PAGOS**

El contrato de franquicia es un contrato oneroso, vinculado a un precio y a la realización de una serie de pagos. Es obligación principal del franquiciado la de efectuar los pagos correspondientes al contrato de franquicia. La obtención de esta remuneración es la razón principal por la que el franquiciador decide celebrar un contrato de franquicia.

Las principales obligaciones de pago que el franquiciado tiene que efectuar, por formar parte del sistema de franquicia, son las siguientes:

$.- El derecho de entrada o fee entrance, que es el pago inicial que efectúa el franquiciado y que corresponde a la cuota inicial que cubre el pago por los derechos de hacer negocios bajo los distintivos adoptados por el sistema y con la misma organización y métodos operativos del franquiciador. El propósito principal de este pago es reembolsarle al franquiciador, los gastos en los cuales incurrió en el otorgamiento de la franquicia. La remuneración a pagar por este derecho de entrada debe de ser estipulada y recogida en el contrato de franquicia.

El importe a establecer por este concepto en el contrato, dependerá de varios factores:

- Índice de penetración y conocimiento del nombre y marca del franquiciador

- Grado de competencia existente

- Extensión de las zonas concedidas

- Rentabilidad del negocio.

- Nivel de inversión

- Plazo de duración del contrato

$.- Las regalías o pagos continuos (Royalties), que son pagos periódicos, generalmente mensuales, aunque en algunas ocasiones anuales, y que se convienen contractualmente como contrapartida a los beneficios que obtiene el franquiciado por la utilización del nombre y marca del franquiciador, así como por los servicios que éste presta con carácter continuo. La cuantía a la que pueden ascender dichos Royalties puede ser de diferentes formas:

1.- Una cantidad fija mensual, trimestral o anual. Yo suelo recomendar esta fórmula en aquellas franquicias en las que resulta muy difícil comprobar la recaudación. Por ejemplo, en cierta ocasión me consultó un cliente que quería montar una franquicia sobre un negocio Cantina Bar de Copas. Como todos saben, la mayoría de las franquicias nace o debería nacer del el éxito de un negocio determinado explotado por su propietario, que decide difundirlo mediante la franquicia. En un Bar, las materias primas son difíciles de comprobar. El titular de una franquicia sobre un Bar, podría declarar al franquiciador las ventas de forma fraudulenta sin que el franquiciador pueda hacer nada para comprobar la realidad. Las compras de bebidas (Coca-Cola, etc.), alcoholes (whisky, ginebra) es asequible a cualquiera y las ventas, aunque estén conectadas por módem con el franquiciador, pueden ser fácilmente despistadas. En estos supuestos es mas aconsejable una cantidad fija en concepto de royalty. Esta fórmula evita fraudes, pero a veces puede ser muy injusta y hacer que el franquiciado se vea ahogado en pagos, sobre todo al principio. Algunas franquicias establecen pagos fijos al principio bajos que se incrementan en el segundo y tercer año.

2.- Un canon o porcentaje (sobre compras, ventas o resultados), siempre que se pueda comprobar la venta de caja, el porcentaje es la fórmula. Hay muchas franquicias en las que el franquiciado ha de proveerse del producto directamente del franquiciador. La venta de caja contrastada con las compras realizadas al franquiciador permite fácilmente contrastar los resultados declarados. En otros casos, como academias de idiomas, tiendas de complementos, muebles, etc. es difícil comprobar las recaudaciones y en algunos casos le es mas costoso al franquiciador establecer un cuerpo de inspección de tiendas que aceptar los pequeños “escapes” que se produzcan en las declaraciones. También se suele establecer una cantidad mínima exenta de royalty, o un royalty decreciente.

3.- Mixto (Un fijo más un porcentaje)

4.- Sin Canon. En algunas franquicias, en las de distribución especialmente, los franquiciadores no establecen ningún tipo de canon (salvo el de publicidad, en su caso). Son las franquicias de marca (especialmente de moda, textiles, ropa) construcción, mobiliario, tiendas de fotografía, helados de marca, etc.. El franquiciado solo puede vender los productos de la marca que le suministra el franquiciador. El beneficio del franquiciador en estos casos está en el propio suministro de los productos y no ha de complicarse la vida con cánones o liquidaciones mensuales. Al franquiciado, esta fórmula le evita problemas y costes de administración.

5.- Canon objetivo. En otros casos, se establece un canon atendiendo a la superficie del local, la localización del mismo, o la población donde se ubica. En la mayoría de los casos se establece pagar un porcentaje sobre las ventas del franquiciado ya que es un medio objetivo de valorar las ventajas reales que obtiene cada franquiciado.

La cuantía a la que deben ascender las regalías es algo que tiene que ser decidido con objetividad por el franquiciador, existiendo diversos factores a tener en cuenta en orden a calcularla:

- Beneficio que se espera obtenga el franquiciado en el desarrollo de su actividad - Duración del contrato- Obtención de una utilidad razonable por parte del franquiciado.

$.- La contribución a la publicidad y al desarrollo, en la mayoría de los casos, la publicidad se encuentra centralizada y administrada por el franquiciador. En este supuesto el franquiciador exige a los franquiciados una regalía independiente para publicidad.

$.- Los conceptos por otras cuotas el contrato de franquicia en esta cláusula puede incluir otros honorarios, cuotas y derechos tales como los **depósitos de garantía**. Estos depósitos se emplean para garantizar el pago de toda la deuda que el franquiciado tenga pendiente con el franquiciador.

$.- Existen otros pagos, tales como los **derechos de transferencia** (que deben de ser pagados por todo franquiciado por el derecho a traspasar su franquicia a un tercero) **y los de renovación**.

Octava Cláusula. Cláusulas relativas al **SUMINISTRO**

En el contrato de franquicia se puede generar una obligación de dar generalmente a cargo del franquiciador. Dicha obligación será consistente en transmitir la propiedad de unos bienes o servicios creados o prestados por éste último.

La obligación de dar se combina necesariamente con una de hacer, ya que el producto que se va a entregar antes se tiene que hacer.

En el caso de servicios, la obligación se reduce a las denominadas de hacer, y versan fundamentalmente sobre el entrenamiento y transmisión del know - how. Luego en el contrato de franquicia, en cuanto que el franquiciador se obliga a suministrar algunos bienes o servicios necesarios para el adecuado funcionamiento del establecimiento franquiciado, incluye una obligación de dar y una obligación de hacer.

Novena Cláusula. Cláusulas de **DURACIÓN** de los contratos de franquicia.

La buena fe contractual, obliga a que en los contratos de franquicia se acuerde entre las partes un término de duración amplio, o por lo menos lo suficientemente amplio, como para permitir que el franquiciado pueda recuperar su inversión. Además, este tipo de modalidades contractuales deben de ser tan amplias como para hacer posible que las partes cumplan con sus obligaciones, salvo que en el contrato se establezca una cláusula de prórroga o renovación. El plazo recomendable para ello, suele ser el de 4-5 años.

Ningún texto legal indica, cual debe ser la duración de los contratos de franquicia. En este sentido, podemos ver que existen contratos para todos los gustos, desde un año (como en el caso de las tiendas Mango) hasta 20 años, como Wall Street Institute, Burguer King , Mac Donalds.

Los términos de extinción más habituales son los de 5 años en general, salvo en las franquicias de restauración que, por la inversión que debe realizar el franquiciador, suele ser superior (de 10 a 20 años).

La duración del contrato, ha de ser aquella que permita

al franquiciado amortizar sus inversiones iniciales específicas de la franquicia. Pero ¿Cuándo puede el franquiciado amortizar sus inversiones?

La extinción del contrato de franquicia se opera por el transcurso del tiempo pactado por las partes. En defecto de estipulación expresa, en relación al factor temporal de duración, no se puede afirmar que la duración del mismo sea ilimitada, ya que las convenciones no pueden ser perpetuas puesto que eso iría contra la ley y contra la naturaleza de los actos humanos. Luego en el supuesto de que no se haya fijado un plazo de terminación del contrato, ambas partes tienen la facultad de desistimiento unilateral siempre que no se vulnere la obligación de preaviso si se pactó, y siempre que dicho desistimiento unilateral no implique abuso de derecho o traspaso de los límites de la equidad y buena fe.

Décima Cláusula. Cláusulas de **TERMINACIÓN DEL CONTRATO**

Al igual que todos los contratos de tracto sucesivo, la voluntad de ambos contratantes puede poner fin al contrato de franquicia. No obstante, algunas de las causas especiales de resolución de los contratos de franquicia, que debieran de recogerse en el contenido de los mismos, serían:

- **La expiración del término de duración**. En el contrato de franquicia el término de duración debe de ser lo suficientemente amplio como para que ambas partes puedan cumplir con sus obligaciones, salvo que se de la existencia de una cláusula de prórroga o renovación. Una vez concluido el período de tiempo estipulado por las partes, termina el contrato. El franquiciador viola la obligación de buena fe que incumbe a todo contratante al momento de la celebración del contrato, si se establece un término de duración muy corto en donde el franquiciado no pueda recuperar su inversión. Podría ser fácil, por parte del franquiciador, caer en la tentación de resolver el contrato a su término y establecer cerca una nueva franquicia con otro franquiciado o una franquicia propia, a la vista del éxito obtenido por el antiguo franquiciado.

- **La decisión unilateral**. Esta modalidad se utiliza para la terminación de una franquicia, cuya terminación no está condicionada al cumplimiento de un plazo o una condición, o para aquellos en que existiendo plazo o condición, se ha querido dejar abierta la posibilidad de terminarlo antes del cumplimiento de uno u otra. En este supuesto, la parte que resuelve deberá de notificarlo a la otra con una antelación suficiente, para que así la otra pueda concluir sus negocios pendientes.

- **La insolvencia de una de las partes**. Es recomendable que en el contrato se estipule la facultad de dar por terminado unilateralmente el contrato sin necesidad de pronunciamiento judicial, para el caso de que se de la insolvencia de una de las dos partes firmantes. La parte afectada por dicha resolución, lo que sí podrá es solicitar de la autoridad judicial que decida sobre la licitud o incorrección de la mencionada resolución.

- **El incumplimiento de las obligaciones** consagradas en el contrato. En el supuesto de los contratos de franquicias, cuando uno de los contratantes incumple con alguna de sus obligaciones, surgen para la parte perjudicada cualquiera de las siguientes pretensiones:

- Resolución del Contrato de Franquicia con indemnización de los perjuicios que se le hayan podido causar.

- Compeler al cumplimiento del Contrato con indemnización de los perjuicios que se le hayan podido causar.

Teniendo en cuenta la inversión realizada por el

franquiciado, que suele ser considerable, yo recomiendo establecer un aviso previo al franquiciado en caso de incumplimiento contractual para darle la oportunidad de subsanar el incumplimiento realizado. Ese plazo de preaviso previo a la resolución se suele establecer en 30 días.

Onceava Cláusula. Cláusulas relativas a la **SOLUCIÓN DE CONFLICTOS**

Es posibles de estipular dentro de un contrato de franquicia, aquellas cláusulas mediante las cuales las partes contratantes puedan obtener la solución de los conflictos de intereses, o diferencias, que puedan surgir en el seno de la citada modalidad contractual.

Por ello, y para la solución de los conflictos, en los contratos de franquicia es posible que se establezcan cláusulas de arbitraje y/o de conciliación, para el caso de que sea necesario un tercero a la hora de resolver un conflicto, evitando de pleno el tener que acudir a los Tribunales de Justicia.

Doceava Cláusula. Cláusulas relativas a la **JURISDICCIÓN APLICABLE**

Otra de las cláusulas, que también deberá de ser objeto de negociación a la hora de firmar un contrato de franquicia, será la de sumisión a la Jurisdicción de los Tribunales sitos en un determinado lugar. Dicha cláusula supondrá, que los Tribunales designados serán los únicos competentes para conocer de las pugnas de intereses que entre sendas partes firmantes surjan en el seno de la relación contractual existente. Y ello llevará consigo, la renuncia expresa a la jurisdicción que a cualquiera de las partes le corresponda siempre que no coincida con la estipulada en el contrato.

Treceava Cláusula. Cláusulas relativas al **IDIOMA DEL CONTRATO**

También es un tema de vital importancia a la hora firmar el contrato, y en orden al manejo de las relaciones entre el franquiciador y el franquiciado, en especial en materia de contratos internacionales de franquicia, el que se refiere al idioma que va a regir el desarrollo de las relaciones comerciales de las partes.

El idioma del contrato de franquicia es de absoluta relevancia, al punto que la falta de precisión en los términos jurídicos, podría hacer inoperantes o inaplicables las cláusulas del contrato. El hecho de que se realice una traducción literal del documento, podría llevar a desvirtuar totalmente la intención de las partes en cada una de las obligaciones asumidas, y la interpretación que los jueces o los árbitros, según sea el caso, hagan del documento, va a ser completamente equivocada.

Catorceava Cláusula. **MANTENIMIENTO DEL EQUILIBRIO ECONÓMICO DEL CONTRATO**

Es aconsejable que además, en todo contrato de franquicia se incluya una cláusula que establezca las bases de un procedimiento, que tenga por objetivo el mantenimiento del equilibrio económico del contrato, cuando se presenten circunstancias imprevisibles, o circunstancias no imputables a las partes. Un principio general de buena fe contractual, exige que los contratos reconozcan los derechos de quienes han contratado, manteniendo un equilibrio de recíprocas prestaciones, lo cuál se logra protegiendo el resultado económico que perseguían los contratantes. Para que se configure esta situación, es necesario que los acontecimientos que la causan, sean anormales o imprevisibles y, hayan alterado transitoriamente el cumplimiento del contrato, haciéndolo excesivamente oneroso. En este punto, es necesario expresar que por ejemplo, es el franquiciado quien, en general, asume los riesgos durante la etapa de establecimiento del local en cuestiones relativas a su construcción tales como, mayores cantidades de obra, imprevistos de obra, cambios de especificaciones, etc. Por tanto, estos riesgos, en tanto que enriquezcan indebidamente al franquiciador, hacen necesario fijar un procedimiento para el establecimiento del equilibrio económico del contrato.

Quinceava Cláusula. Cláusulas de TRAINING

El franquiciador en la gran mayoría de las ocasiones acordará obligarse a: Prestar el entrenamiento de empleados del franquiciado en la planta de éste.El adiestramiento de su mano de obra.El envío de ingenieros para montar y supervisar la producción.El suministro de productos de fabricación propia y los manuales de operación. Entre las obligaciones del franquiciador, una de ellas será la de proporcionar a sus franquiciados individuales una formación inicial y una asistencia comercial y/o técnica durante toda la vigencia del contrato.

Dieciseisava Cláusula. Cláusulas relativas a **GARANTÍAS**

Es muy habitual que en las franquicias de distribución, especialmente las de textiles, en las que las prendas se ceden en depósito, se establezcan ciertas cláusulas de garantías, (aval bancario o depósito en efectivo), para que el Franquiciador se asegure el cobro del producto enviado. Es necesario siempre delimitar el importe de la garantía, y especialmente de la renovación de la misma y adaptación a las necesidades económicas, y de stock existentes. Lo mas importante es que se establezca un criterio objetivo para la adaptación de la garantía. He visto como contratos de franquicia en materia textil, han sido no se han llevado a cabo, por la negación del franquiciado a aceptar una cláusula de garantía abusiva. En muchos casos es simplemente una excusa para deshacerse del franquiciado no deseado.

Las Política de Competencia Comunitaria establecen otro tipo de factores a ser regulados por un Contrato de Franquicia, y que paso a reflejar en las siguientes tres cláusulas:

Diecisieteava Cláusula. Cláusulas relativas al **ABASTECIMIENTO**

En general, está prohibido fijar a través de una cláusula contractual a los franquiciados obligaciones de compra exclusiva. No obstante, este tipo de cláusulas serían perfectamente válidas, siempre que el franquiciado sea libre para obtener los productos objeto de la franquicia de otros franquiciados; y en el caso de que la distribución de los productos se llevara a cabo a través de otra red de distribuidores autorizados, el franquiciado deberá de tener libertad de proveerse de estos distribuidores.

Serán admisibles sin embargo, aquellas cláusulas por las que los franquiciados se comprometan a adquirir cantidades mínimas, a planificar sus pedidos con antelación y a mantener existencias con un surtido mínimo de productos, siempre y cuando no se rebase lo estrictamente necesario para mantener la identidad común y la reputación de la red.

Dieciochoava Cláusula. Cláusulas relativas a las **VENTAS**

Está prohibida cualquier tipo de cláusula que someta al franquiciado a restricciones relativas, a la fijación o imposición de los precios de venta. No obstante, el franquiciador podrá recomendar precios a los franquiciados, cuando esto no sea prohibido por las legislaciones nacionales, y siempre que no se dé lugar a prácticas concertadas para la aplicación efectiva de tales precios entre el franquiciador y los franquiciados o entre éstos últimos.

Son admisibles todas aquellas cláusulas que tiendan a imponer obligaciones de carácter promocional, siempre y cuando se limiten a lo estrictamente necesario para preservar la identidad común y la reputación de la red. Como por ejemplo son las cláusulas a través de las cuales el franquiciado se compromete a:

- Realizar un volumen de negocios mínimo.

- Ofrecer en venta un surtido representativo de la gama de productos contractuales.

- Prestar a la clientela el oportuno servicio y la garantía.

-No son sin embargo aceptables, las cláusulas que prohíban al franquiciado impugnar la validez de los derechos de propiedad industrial o intelectual que formen parte de la franquicia.

Diecinueveava Cláusula. Cláusulas relativas a la **NO COMPETENCIA**

Se pueden imponer al franquiciado dos tipos de obligaciones de No Competencia:

- Una en relación a los productos competidores.

- Y la otra, en relación a actividades comerciales competidoras.

En relación a dichas imposiciones, son correctas aquellas cláusulas que en un contrato de franquicia, impongan al franquiciado la obligación de no fabricar, vender o utilizar, en el marco de la prestación de servicios, productos competidores con los productos del franquiciador que sean objeto de la franquicia; aunque no lo son aquellas que se apliquen a las piezas de repuesto y los accesorios fabricados por competidores del franquiciador.

En este mismo sentido, el franquiciador puede obligar al franquiciado a:

- Vender o utilizar en el marco de la prestación de servicios, exclusivamente productos que cumplan las especificaciones mínimas objetivas de calidad establecidas por el franquiciador.

- Elegir los productos fabricados por el franquiciador o por terceros designados por él, cuando resulte impracticable aplicar especificaciones objetivas de calidad debido a la naturaleza de los productos objeto de la franquicia.

En cuanto a la obligación impuesta al franquiciado de no ejercer, ni directa ni indirectamente, un comercio similar en un territorio donde pudiera competir con un miembro de la red franquiciada, incluido el franquiciador, esta cláusula sería correcta y de acuerdo con el Derecho de la Competencia, siempre que resulte necesario para proteger los derechos de propiedad industrial e intelectual del franquiciador o la identidad común de la red. Obligación ésta, jamás podrá imponerse por más de un año tras la expiración del contrato.

Recomendaciones a los Franquiciadores Extranjeros

(especialmente anglosajones)

Es habitual que los franquiciadores extranjeros, cuando tratan de asentarse en Latino América, me encarguen la revisión y adaptación de sus maravillosos y enormemente largos contratos de franquicia para su aplicación en algunos países. Esos contratos fueron preparados por prestigiosísimos despachos de abogados americanos o ingleses. Suelen ser contratos donde se regula hasta la extenuación aspectos incluso insignificantes que llevan al contrato a un texto difícil de interpretar por las partes y sobre todo de cumplir.

La tan exhaustiva regulación de los contratos y la cantidad de cláusulas de índole administrativa, contable, financiera, etc. hace en muchos casos que el contrato sea muy difícil de ejecutar por parte del franquiciado. Hay que entender que, en muchos casos, el franquiciado trata especialmente de desarrollar su negocio y en ello se centra. Las obligaciones que imponen muchos de los contratos anglosajones, implican al franquiciado la necesidad de establecer un aparato administrativo ajeno al propio desarrollo de su negocio, que en la mayoría de los casos no es seguido o cumplido por el franquiciado, posibilitando que éste se encuentre en causa de resolución por permanente incumplimiento

Muchas veces ocurre lo contrario. El franquiciador se impone en el contrato una serie de obligaciones que debe cumplir (asistencia continua, perfeccionamiento de los sistemas, adecuación a los avances de software, notificación de mejoras realizadas por otros franquiciadores, etc.) que sistemáticamente incumple y que originan multitud de quejas por parte de los franquiciados.

Mi primera recomendación, como es obvio, es la de olvidarse de su contrato y redactar uno “ad hoc” con formato y terminología conforme al país donde se establecerá la franquicia, y simplificar el contrato al máximo. Ya aue muchos país de Latino América, a diferencia de la legislación anglosajona, tienen códigos y regulaciones que suplen aquellos aspectos del contrato no regulados expresamente.

Los contratos anglosajones suelen incluir exhaustivas regulaciones y aspectos muy detallados de casuística en los contratos. Yo opino que cuanto mayor sea la regulación al detalle, más posibilidades hay de que queden aspectos sin regular.

Desde un punto de vista comercial, me he encontrado con la dificultad que tienen los propios directores de franquicias master o de franquiciadores extranjeros, cuando tienen que vender una franquicia, y se le presenta al franquiciado un contrato de 80 o 90 páginas, que a la fuerza obliga al franquiciado a contar con un abogado experto en franquicias para poder, al menos, entender el propio contrato.

Hasta aquí lo expuesto en este libro.

Les informo que este trabajo lo actualizo cada dos meses, es por ello que si usted lo adquiere por internet en amazon.com tenga la plena seguridad de que el contenido se encuentra actualizado.

En caso de que no encuentre respuesta a sus dudas en este trabajo, le sugiero que se comunique conmigo vía correo electrónico y hágame sus preguntas, que yo con mucho gusto responderé lo más pronto posible. Mis datos de contacto lo puede encontrar en mi página web www.alejandromena.com

Si usted necesita alguna consulta conmigo, con gusto lo puedo atender, ya sea vía correo electrónico, chat, video llamada, llamada telefónica y hasta personalmente, no importa en que parte del mundo usted viva, vea en mi página web las formas de hacer su consulta.

Conferencias, Talleres, y Seminarios, sobre Franquicias a su disposición.

El autorV

Alejandro Mena Gauna

OTRAS OBRAS DEL AUTOR

De venta en amazon.com

VISA EB-5 GREEN CARD DE INVERSIONISTA

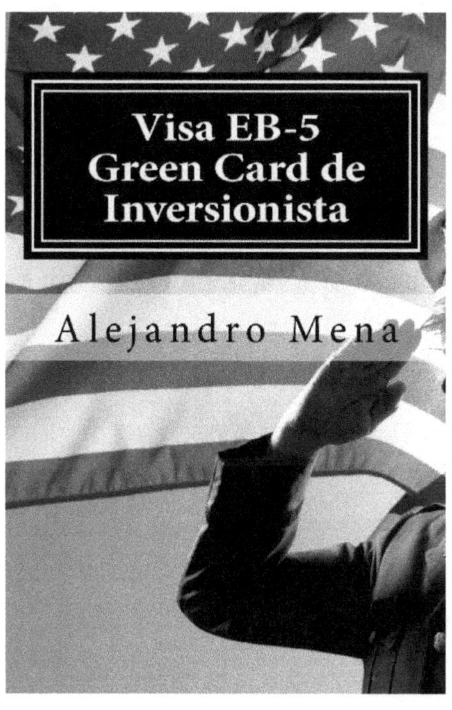

MANUAL PRÁCTICO DEL DIVORCIO

LIC. ALEJANDRO MENA

www.alejandromena.com

www.ingramcontent.com/pod-product-compliance
Lightning Source LLC
Chambersburg PA
CBHW032330210326
41518CB00041B/2055
9780692556986